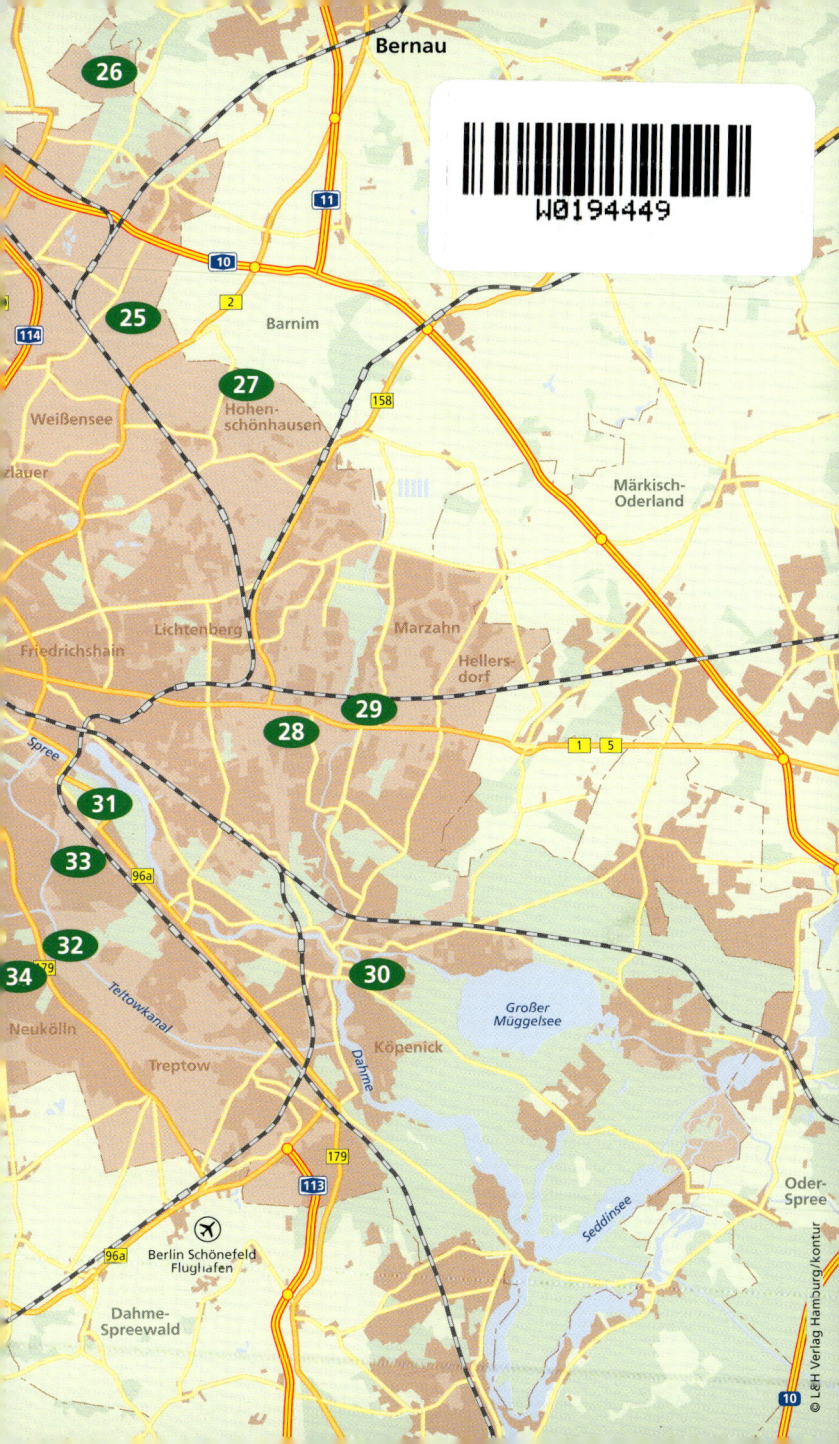

*B*erlin
*G*rün

Historische Gärten
und Parks der Stadt

L&H VERLAG

*B*erlin
*G*rün

**Historische Gärten
und Parks der Stadt**

Anke Kuhbier

Klaus von Krosigk
Reiner Elwers

L&H VERLAG

Impressum

Herausgegeben vom Landesdenkmalamt Berlin,
Krausenstraße 38-39, D-10117 Berlin
Mit Unterstützung des Fachverbandes Garten-, Landschafts- und Sportplatzbau
Berlin-Brandenburg e.V.

© Copyright by L&H VERLAG GmbH
Baumwall 5, D-20459 Hamburg
Telefon 040-36 97 72 45, Fax 040-36 97 72 60
Internet: www.lh-verlag.de, e-mail: kultur@lh-verlag.de

Idee, Konzept Dr. Jörg Haspel, Klaus von Krosigk, beide Landesdenkmalamt Berlin
und Wolfgang Henkel, L&H Verlag
Wissenschaftliche Grundlage Klaus von Krosigk, Landesdenkmalamt Berlin
Autorin Anke Kuhbier, Hamburg
Koordination, Organisation Wolfgang Henkel, L&H Verlag und Gesine Sturm,
Landesdenkmalamt Berlin
Autor für Tipps Reiner Elwers, Berlin
Hinweise für Busse und Bahnen BVG, Berlin
Redaktion Wolfgang Henkel und Inken Broocks, beide L&H VERLAG, Hamburg
Fotos Siehe Fotonachweis auf Seite 181
Gestaltung und Satz L&H VERLAG, Kerstin Wendel, Hamburg
Kartografie L&H VERLAG und kontur, Berlin
Druck, Verarbeitung Heenemann, Berlin

Die Deutsche Bibliothek - CIP-Einheitsaufnahme
Berlin Grün: Historische Gärten und Parks der Stadt / hrsg. vom
Landesdenkmalamt Berlin. Anke Kuhbier ; Klaus von Krosigk ; Reiner Elwers. -
1. Aufl.. - Hamburg : L-und-H-Verl., 2000
ISBN 3-928119-51-6

Blick über den Garten des Literarischen Colloquiums auf den Wannsee

DER
LANDSCHAFTSGÄRTNER
PARTNER FÜR'S GRÜN

Das Zeichen
der Fachbetriebe

*Gärten, Parks, gestaltete Natur,
Sportanlagen – Grün in jeder Form
wird von Fachbetrieben des Garten-,
Landschafts- und Sportplatzbaus
gebaut und gepflegt.*

*Als Zeichen ihrer Fachkunde,
Leistungsfähigkeit und
Zuverlässigkeit dürfen diese
Betriebe das abgebildete Signum
führen, das als Warenzeichen und
Dienstleistungsmarke eingetragen
und geschützt ist.*

*Namen und Adressen dieser
Betriebe können Sie beim
Fachverband erfahren.*

**Umwelt für morgen –
Bauen mit Grün**

Fachverband Garten-, Landschafts-
und Sportplatzbau Berlin-Brandenburg e.V.
Kleinmachnower Weg 11, 14165 Berlin
Tel. 030 / 8157078, Fax 030 / 8153508
www.galabau-berlin-brandenburg.de

*Die Herausgabe dieses Buches wurde durch Unterstützung
des Fachverbandes Garten-, Landschafts- und Sportplatzbau
Berlin/Brandenburg e.V. ermöglicht.*

INHALT

Fotohinweise für Umschlag
Vorn (oben): Glienicke
Vorn (klein): Körnerpark
Hinten (oben): Pariser Platz
Hinten (Mitte): Pfaueninsel, Schloss
Hinten (unten): Ceciliengärten

NUMMERISCHES REGISTER

❧

Die historischen Gärten und Parks der Stadt Berlin haben wir jeweils mit einer **eigenen Nummer** versehen, wenn der Zugang und die Örtlichkeit allein für diesen Park gilt. Falls mehrere Gärten bzw. Parks direkt zusammenhängen, so sind sie mit **einer Nummer** versehen.

Die Nummerierung ergibt sich vom Zentrum (Tiergarten) aus, schneckenförmig werden die Kreise in Richtung Stadtrand gezogen. Das Ergebnis: je höher die Ziffer, desto weiter draußen liegt das Objekt. Und der nächstliegende Park hat auch immer die nächstliegende Ziffer. So können Sie bequem mehrere Parks besuchen und stellen sich Ihre Auswahl selbst zusammen. Viel Freude!

ALPHABETISCHES REGISTER

Terrakotta-Schmuckvase im Schustehruspark in Charlottenburg

Vorwort

*D*as von der Städtebaukritik der Zwischenkriegszeit geprägte Wort vom „steinernen Berlin" oder der historische Nimbus der führenden Industrie- und Wirtschaftsmetropole des europäischen Kontinents und schließlich die Wachstumseuphorie und der Fortschrittsoptimismus der Nachkriegsjahrzehnte haben die Wahrnehmung der deutschen Hauptstadt als ein **traditionsreiches Zentrum der Gartenkunst und der Gartenkultur** bisweilen erschwert. Dabei galt und gilt die vormals „größte Mietskasernenstadt der Welt" immer auch als eine Art große Gartenstadt oder eben als „grüne Metropole in Europa". Weit über 40 Prozent des Berliner Stadtgebiets sind Grün- und Freiflächen einschließlich Wasserflächen. Stadtbild und Denkmalprofil Berlins sind maßgeblich geprägt von den historischen Park- und Gartenanlagen, Grünzügen und Stadtplätzen, Dorfangern und Friedhöfen. Deren planvolle Entstehung reicht oft Generationen zurück und macht bis heute im Zusammenspiel mit Landschaft und Architektur die unverwechselbare Physiognomie und besondere Lebensqualität dieser Großstadt aus.

An der Wiederentdeckung des **historischen Stadtgrüns**, an der Rehabilitierung und Regenerierung des gartenkulturellen Erbes von Berlin hatte die Denkmalpflege in den letzten beiden Jahrzehnten einen hervorragenden Anteil. Es war zunächst vor allem die Berliner Gartendenkmalpflege, die – insbesondere seit dem Europäischen Denkmalschutzjahr 1975 und zwar beiderseits der Mauer – immer wieder die gartenkünstlerischen Potenziale der öffentlichen und privaten Freiräume, aber auch die sozialen, ökologischen und städtebaulichen Qualitäten des überlieferten Grünbestands in Erinnerung rief und dem unbewußten Verschleiß oder wissentlichen Raubbau an den historischen Grünräumen der Großstadt entgegentrat. Dabei galt das Hauptaugenmerk schon bald nicht mehr nur den Traditionsorten der grünen Konservatorenzunft, also den repräsentativen Schloß- und Gutsparks, altüberlieferten Dorfauen oder ehrwürdigen Friedhöfen und Gedenkstätten. Vielmehr lenkte die Gartendenkmalpflege schon früh

Im Schloßpark Niederschönhausen in Pankow

und verstärkt ihr Schutz- und Pflegeinteresse auch auf das kommunale Grün der großen und kleinen Parkanlagen, der Stadtplätze und Gartenplätze sowie auf private Gärten der Stadterweiterungsgebiete des 19. und 20. Jahrhunderts. Ausgedehnte öffentliche Volksparkanlagen oder Schmuckanlagen im Quartiersmaßstab, herrschaftliche Villengärten oder kleinbürgerliche Vorgärten, Gartenhöfe der historischen Mietshausarchitektur oder das Siedlungsgrün des Sozialen Wohnungsbaus fanden zunächst eher im Westteil der Stadt schnell Eingang in die Denkmalliste und bilden seit dem Mauerfall einen wichtigen gesamtstädtischen Arbeitsschwerpunkt der praktischen und publizistischen Denkmalpflege.

Mit zahllosen kleineren **Restaurierungs- und Konservierungsmaßnahmen** sowie groß angelegten und stark beachteten **Pflege- und Wiederherstellungsmaßnahmen** lieferte die Berliner Gartendenkmalpflege bundesweit nicht nur wichtige Impulse zur Neubewertung der Gartenbaukunst des Historismus und der modernen Gartenarchitektur des letzten Jahrhunderts. Sie trug vielmehr auf ihrem angestammten, weil historischen Terrain auch zur Wiederbesinnung auf die stadtökologische Bedeutung gepflanzter Denkmale bei und zur Wiedergewinnung gestalterischer und sozialer Qualitäten denkmalgeschützter Grünräume. Den sich mehrenden Krisenzeichen einer Verwahrlosung des öffentlichen Raumes, wie wir sie nicht zuletzt in vernachlässigten Park- und Platzanlagen zu erkennen glauben, haben die Konservatoren am historischen Beispiel der Gartendenkmale oder denkmalwerter Grünanlagen an Baudenkmalen und in Denkmalensembles meist mit bleibendem Erfolg Einhalt bieten können.

Nimmt man die Resonanz des Publikums zum Gradmesser, dann haben die gartenkonservatorischen Pflegeaktivitäten nicht nur Denkmalqualitäten bewahrt, sondern attraktive Aufenthaltsorte für die Bewohner und Besucher Berlins neu erschlossen. Die nachhaltige Pflege und Bewirtschaftung dieser Freiraumdenkmale und der schonende Umgang mit ihren ökologischen und künstlerischen Ressourcen sichern aber zugleich traditionelle Knotenpunkte im Ausbau eines stadtweiten Netzwerks von urbanen Grünanlagen und Grünverbindungen oder ausgreifenden Freiraumachsen ins landschaftlich geprägte Umland der Mark Brandenburg.

Der vorliegende Gartenführer lädt zur Erkundung grüner Traditionslinien und zum Genuß des Gartenerbes in einer Metropole ein. Die höchst sachkundig vorgestellten Anlagen und Routen eröffnen eine Vielzahl unerwarteter und lohnender Perspektiven auf die Stadtgeschichte und das Stadtbild Berlins. Die Lektüre und mehr noch die Promenaden führen aus dem "steinernen Berlin" geradewegs ins „grüne Berlin."

Jörg Haspel
Landeskonservator Berlin
Berlin, 2000

Einleitung

„**B**erlin ist unstreitig die schönste Stadt Europas. Die vielen Plätze welche dem Auge einen schönen Anblick gewähren, sind der **Lustgarten, der Platz am Opernhause, der Wilhelmsplatz** und andere mehr. Die Abwechslung durch Bäume auf den Straßen, vorzüglich die Linden, sind eine wahre Augenweide. Übrigens, die angenehmen Gänge am Wasser, das Gewühl von Menschen, welches oft bis spät in die Nacht dauert, die Menge Gärten in der Vorstadt, deren man auf vierhundert zählt und die meisten sehr schön und mit Geschmack angelegt sind, belustigen einen Fremden ungemein."

Diese Betrachtungen Karl Heinrich Krögens in seinen vor gut 200 Jahren, d.h. 1785 verfaßten "Freien Bemerkungen über Berlin, Leipzig und Prag" muten uns noch heute durchaus aktuell und wirklichkeitsnah an. Berlin als eine mit Lindenbäumen durchgrünte Stadt, mit seinen großzügig angelegten Straßen und Plätzen, seinen alleegefassten Promenaden und "angenehmen Gängen" an der Spree, seinem gerade wieder begrünten Lustgarten, den zahlreichen Parks und Gärten, der freundlich einladenden Lindenpromenade, seinen zahlreichen Gartenhöfen und bedeutenden alten Schloss- und Gutsgärten wird von Fremden und Einheimischen mehr denn je als ein Erlebnis und Erholungswert ohnegleichen angesehen.

Berlin ist im Vergleich zu anderen europäischen Metropolen mit nur geringen topografischen Standortvorteilen ausgestattet, weitgehend in der flachen Spreeniederung eines Urstromtals liegend bedurfte es in der Tat großer Anstrengungen um aus den alten Städten Berlin und Cölln, nicht nur eine Stadt, sondern auch eine glanzvolle Metropole zu entwickeln, die sich dann spätestens im 19. Jahrhundert durchaus an Wien, Paris oder London messen konnte. Ohne Zweifel ist das Gesicht Berlins maßgeblich durch die bedeutenden Bauwerke des 18., 19. und frühen 20. Jahrhunderts geprägt worden, unstrittig ist jedoch auch, und dies belegen nicht nur die Schriftsteller wie der hier zitierte K. H. Krögen oder Friedrich Nicolai, sondern auch die großen Kartenwerke des 18. und 19. Jahrhunderts, dass Berlin stets auch eine Gartenstadt war und ist.

Neben hunderten von Privatgärten hat vor allem und seit jeher das öffentliche Grün Berlins das Gesicht der Stadt geprägt und war vor allem Begegnungspunkt für alle Stände und Klassen, Fremde und Einheimische, alle Altersgruppen und Geschlechter und war damit zugleich wie Jürgen Wenzel es einmal formulierte, "der soziale Lern-, Begegnungs- und Erfahrungsraum". Das Gewühl von Menschen, welches oft bis spät in die Nacht dauerte, wie Karl Heinrich Krögen es schon für das 18. Jahrhundert beschreibt, ist eben seit jeher dem gestalteten und gut erreichbaren städtischen Freiraum geschuldet gewesen.

Den Anfang dieser Entwicklung in Berlin hatten unstreitig unter dem Großen Kurfürsten der ab 1648 erbaute Lustgarten und die zeitgleich angelegte Promenade Unter den Linden gemacht. Deutlich wird hier nach jahrzehntelangem Krieg in Europa, dass Kurfürst Friedrich Wilhelm als aufgeklärtem Fürsten durchaus bewusst war, dass zwar die Heldentaten des Krieges aufgezeichnet, die Friedenstaten hingegen nur durch Kunstwerke bewahrt werden. Da das Anlegen von Gärten seit der Antike als Friedenstätigkeit galt, widmete er sich, wie auch viele seiner Nachfolger nach errungenem Sieg nicht nur der Wiederherstellung des verwüsteten Landes, sondern auch der Förderung der hierin eingeschlossenen Gartenkünste. Allen Hohenzollern standen in dieser Kulturarbeit bedeutende Gärtner zur Seite; so ist bekannt, dass unter den 5000 protestantischen, wegen ihrer Religion verfolgten französischen Flüchtlingen, Refugiés genannt, auch 28 Gärtnerfamilien in Berlin eingewandert waren, von denen sich einige - wie die Mathieu oder Bouché - bis in das 20. Jahrhundert in Berlin erhalten haben. Den königlichen Hofgärtnern, wie Peter Joseph Lenné, war im übrigen bis in das 19. Jahrhundert hinein durch ihre bevorzugte immediate Stellung, ein unmittelbarer Zugang zum jeweiligen Monarchen möglich. Diese Auszeichnung gegenüber anderen staatlichen Dienststellen macht die jahrhundertelange besondere Vorliebe auch der preußischen Könige gegenüber Gartenbau und Gartenkunst mehr als deutlich. Für die vielfältig gelungene Synthese von Stadtbaukunst, Bau- und Gartenkunst standen im übrigen zahlreiche königliche Architekten wie Johann Gregor Memhardt, Philipp Gerlach, Georg Wenceslaus von Knobelsdorff, Karl Friedrich Schinkel, Ludwig Hoffmann oder Peter Behrens zur Verfügung, die ihre komplexen Aufgabenstellungen nie fakultativ, sondern stets integrativ begriffen und gelöst haben.

Besonders deutlich wird diese dem Grün und den Gärten Berlins so überaus förderliche Verbindung von königlichem Auftraggeber und weithin befähigten Architekten an Friedrich II und Georg Wenzeslaus von Knobelsdorff. 1742 vom König zum "Surintendanten aller königlichen Schlösser, Häuser und Gärten (und) Directeur en chef aller Bauten in den sämtlichen königlichen Provinzen" ernannt, erhielt Knobelsdorff zeitgleich den Befehl des Königs zur Neuanlage und Umwandlung des **Tiergartens** in eine Schmuckanlage unter dem strengen Hinweis "dass wenig und schön, als viel und schlecht gemacht werde". Dass er dieses zu großer Zufriedenheit Friedrichs ausführte, wissen wir aus dem ehrenden Nachruf des Königs, den dieser dem 1753 verstorbenen Knobelsdorff vor der königlichen Akademie der Wissenschaften und schönen Künste gehalten hatte, wo es zum Tiergarten hieß: "Er machte ihn zu einem köstlichen Stück Erde durch die Mannigfaltigkeit der Alleen, der Hecken, der Rondelle und durch die reizvolle Mischung des verschiedenen Laubwerkes. Er verschönerte den Park durch Statuen und die Anlage von Wasserläufen, so dass die Bewohner der Hauptstadt hier eine bequeme und schmucke Promenade finden, wo die Reize der Kunst nur unter den ländlichen Reizen der Natur auftreten."

Auch die Erfolge des größten Gärtners und Städteplaner Berlins im 19. Jahrhundert, Peter Joseph Lenné, - von dem Johann Wolfgang von Goethe einmal anerkennend sagte "Ich möchte wohl mit einem solchen Mann das Feld durchwandern" - sind sicherlich nur vor dem Hintergrund einer das Genie Lennés stets im Auge haltenden Interesses dreier preußischer Monarchen vorstellbar. Schon zu seinen Lebzeiten jedoch kommt es im Gefolge einer zunehmenden bürgerlich-kommunalen Selbstbestimmung zu einer völlig neuen, deutlich gewandelten Aufgabenstellung und damit einem nicht immer ganz konfliktfreien

Im südlichen Tiergarten, Gemälde von J.H. Stürmer, um 1835

neuen Rollenverständnis. Im Gefolge der durch die Stein-
Hardenbergschen Reformen ausgelösten kommunalen Selbstbestim-
mungsansätze erkennen die immer rascher wachsenden Kommunen
den Wert und die Notwendigkeit von Grün in den Städten und beauf-
tragen ihrerseits Lenné mit der Gestaltung von Volksgärten, Friedhöfen,
der Begrünung von Stadtplätzen, der Anlage von alleemäßig begrünten
Boulevards auf den niedergelegten Festungswällen, von Parks und
Gärten, Zoologischen Gärten ja mit Bebauungsplänen und sonstigen
Städtebauplanungen. Mit der 1870 erfolgten Ernennung seines
Meisterschülers Gustav Meyer zum ersten Stadtgartendirektor Berlins
deutet sich folglich eine Zeitenwende an, d. h. eine schrittweise Abkehr
von einer ausschließlich königlich-aristokratisch geprägten hin zu einer
bürgerlich-selbstbestimmten Gartenkunst. Nicht zuletzt die geplanten
und ausgeführten Volksparke Gustav Meyers, der **Friedrichshain**, der
Humboldthain und der **Treptower Park** verdeutlichen mehr als
anschaulich die auch aus sozialer Not geborene neue Gartenkunst. Die

vier Berliner Volksparke des 19. Jahrhunderts, eingeschlossen der **Viktoriapark**, bilden zugleich die Brücke zum modernen Volksparkgedanken des 20. Jahrhunderts, der mit dem **Schillerpark** im Wedding beginnend, in der Zwischenkriegszeit seine auch international bewunderte Vollendung im Volkspark **Jungfernheide** oder **Rehberge** finden sollte.

Dem wohl genialsten Gartenkünstler Berlins im 20. Jahrhundert und zugleich mehrjährige Stadtgartendirektor von Groß-Berlin und seit 1929 erster Professor und Ordinarius für Gartengestaltung und Direktor des neu gegründeten Instituts an der Landwirtschaftlichen Hochschule von Berlin, Erwin Barth, sind jedoch neben den Volksparks noch zahlreiche andere bedeutende Anlagen in der Gesamtstadt Berlins zu verdanken, vor allem seine quartiersprägenden Stadtplätze wie: **Karolinger-**, **Savigny-**, **Mierendorff-** oder **Brixplatz**, aber auch der kunstvolle **Luisenstädtische Kanal**, eine Abfolge unterschiedlichster Themen-

Die Luiseninsel im Tiergarten, kolorierte Radierung von J.H.A. Forst, 1820

gärten, angelegt in den Mauern eines nach dem 1. Weltkrieg teilweise zugeschütteten Kanals von Peter Joseph Lenné.

In dem hier vorgelegten Gartenführer werden jedoch auch die zahlreichen Schloss- und Gutsparke der Großstadt, so exotische Anlagen wie der Garten des **Buddhistischen Hauses** in Berlin-Frohnau, soziale Großsiedlungen der 20er Jahre, aber auch die für Berlin so ungemein wichtigen Friedhöfe vorgestellt.

Gutsparke wie der von **Britz** im Süden Berlins, aber auch der von **Neukladow**, ganz im Westen, oder der von Tegel, ganz im Norden sowie der von **Biesdorf** ganz im Osten der Stadt Berlin liegend, verdeutlichen einerseits die jahrhundertealte dörflich-gutsherrliche, aber auch eine herausragende stadthistorische sowie eine hohe bau- und gartenkunstgeschichtliche Vergangenheit. So waren die prägenden Besitzer von Britz im 18. Jahrhundert, Heinrich Rüdiger von Ilgen und Ewald Friedrich von Hertzberg, bedeutende Minister zweier preußischer Könige. Beiden war das Anlegen und Kultivieren von Gärten ein hohes persönliches Anliegen wie auch Wilhelm von Humboldt, unter Friedrich Wilhelm III. ebenfalls preußischer Staatsminister, der nach seinem Ausscheiden aus dem Staatsdienst das väterliche Schloss und Gut Tegel zu einem einzigartigen Muster klassizistischer Wohn- und Gartenkultur ausbauen ließ. Auch in Neukladow wird deutlich, dass Gartenkunst keine kurzlebige Angelegenheit ist, sondern Gärten oft erst in vielen Jahrzehnten, oder gar Jahrhunderten, ihr eigentliches Reifestadium erreichen, zumal wenn Gestaltungssetzungen aus verschiedenen Epochen sich gleichsam den Jahresringen alter Bäume Schritt für Schritt um den eigentlichen Kern bilden bzw. die Schönheit eines alten Stammes prägen.

Die in "Berlin Grün. Historische Gärten und Parks der Stadt" vorgestellten über 50 Gärten, Parks und sonstigen Grünanlagen stellen im übrigen lediglich einen Querschnitt aus den immerhin über 1.000 Berliner Gartendenkmalen dar. In der sorgfältigen Auswahl und einfühlsamen Schilderung der einzelnen Gärten durch die langjährig erfahrene Gartenliebhaberin und "Kulturschriftstellerin" Anke Kuhbier erhält der interessierte Besucher dennoch einen breit angelegten und informativen Querschnitt über 300 Jahre Berliner Gartenkunst, wird jedoch zugleich auch zu Gartenrundgängen quer durch die ganze Stadt eingeladen. Mit diesem Gartenführer in der Hand erschließt sich das grüne Berlin von seiner besten Seite, gibt tiefe Einblicke in ein längst verloren geglaubtes Paradies und macht damit zugleich Mut in der eigenen Lebenswelt und Wirkungsbereich neuerlich dafür zu sorgen, "dass uns wieder die Zeit zu tagen beginnt, welch den Musen und Grazien vertraut", wie es der große Potsdamer Gärtner und Gartenhistoriker Harri Günther einmal mit den Worten Lennés so treffend formulierte.

Daß dieses Buch gemeinsam mit dem in Gartensachen besonders ambitionierten und engagierten L & H Verlag Hamburg anlässlich des 20 jährigen Bestehens der Berliner Gartendenkmalpflege in relativ kurzer Zeit entstehen konnte, ist natürlich auch dem Umstand geschuldet, dass in Berlin vergleichsweise frühzeitig, d. h. schon lange vor der Wende und zwar sowohl in Ost wie in West, mindestens schon seit den 70er Jahren das historische Gartenerbe, das Gartendenkmal, erforscht, inventarisiert und nach wissenschaftlich anerkannten gartenkonservatorischen Grundsätzen gepflegt, erhalten und unterhalten wird. Nicht das steinerne, sondern das grüne Berlin wurde damit frühzeitig zum Vorreiter einer neuen Wertschätzung unseres alten Gartenerbes.

Zahlreiche Publikationen haben im übrigen über die nun mehr als 20-jährige Forschungsarbeit, aber auch über den Kampf um Erhaltung und Instandsetzung dieses Gartenerbes berichtet. Große Ausstellungen, wie die schon fast legendäre von Marie-Louise Plessen 1985 veranstaltete Exposition "Berlin durch die Blume oder Kraut und Rüben. Gartenkunst in Berlin-Brandenburg", aber auch die anlässlich P. J. Lennés 200. Geburtstag 1989 von Florian Büttlar ausgerichtete großen Werkschau "Peter Joseph Lenné. Volkspark und Arkadien" sowie das 1999 in der Akademie der Künste präsentierte Panorama "Gartenkunst Berlin, 20 Jahre Gartendenkmalpflege in der Metropole" mit den jeweiligen wissenschaftlichen Katalogen haben national wie auch international beachtete Grundlagen für einen angemessenen Umgang mit dem Gartendenkmal in der europäischen Metropole geschaffen.

Nicht zuletzt das Berliner Beispiel hat entschieden dazu beigetragen, sich aufs neue der eminenten gesellschaftlichen Funktion und Kraft des öffentlichen und privaten Grüns zu erinnern und alle Anstrengungen zu unternehmen um alter und neuer Gartenkunst als essentiellem Teil unserer Lebensqualität zum Durchbruch zu verhelfen. Auch wenn der hier in dieser Publikation vorgestellte grünhistorische Aspekt Berlins bis heute das Gesicht der Stadt prägt, bleibt in Anbetracht des überwältigenden Erbes dennoch mehr denn je der Wunsch nach neuer Gartenkunst. Am Ende eines Jahrhunderts, das auch in Berlin einzigartige gartenkulturelle Höhepunkte geschaffen hat, bleibt die spannende Frage: wie sieht der kommende Garten aus? Dass dieses eine zeitlose und aufregende Frage ist, wurde neuerlich im Goethe-Jahr mit seinen Worten deutlich "Das Nützliche befördert sich selbst, denn die Menge bringt es hervor und alle könnten's nicht entbehren, das Schöne muß befördert werden, denn wenige stellen's dar und viele bedürfen's."

Möge dieser Gedanke auch zukünftig der Leitgedanke eines alles entscheidenden schöpferischen Arbeitsansatzes sein, wir können dann nicht nur mit Genuß dieses Buch lesen, sondern uns schon heute auf die Gartenkunst von morgen freuen.

Klaus von Krosigk
Landesdenkmalamt Berlin
German effectice member
International Commitee of Historic Gardens and Landscapes -
ICOMOS/IFLA

Berlin, 2000

Magnolie im Pleasureground von Klein-Glienicke

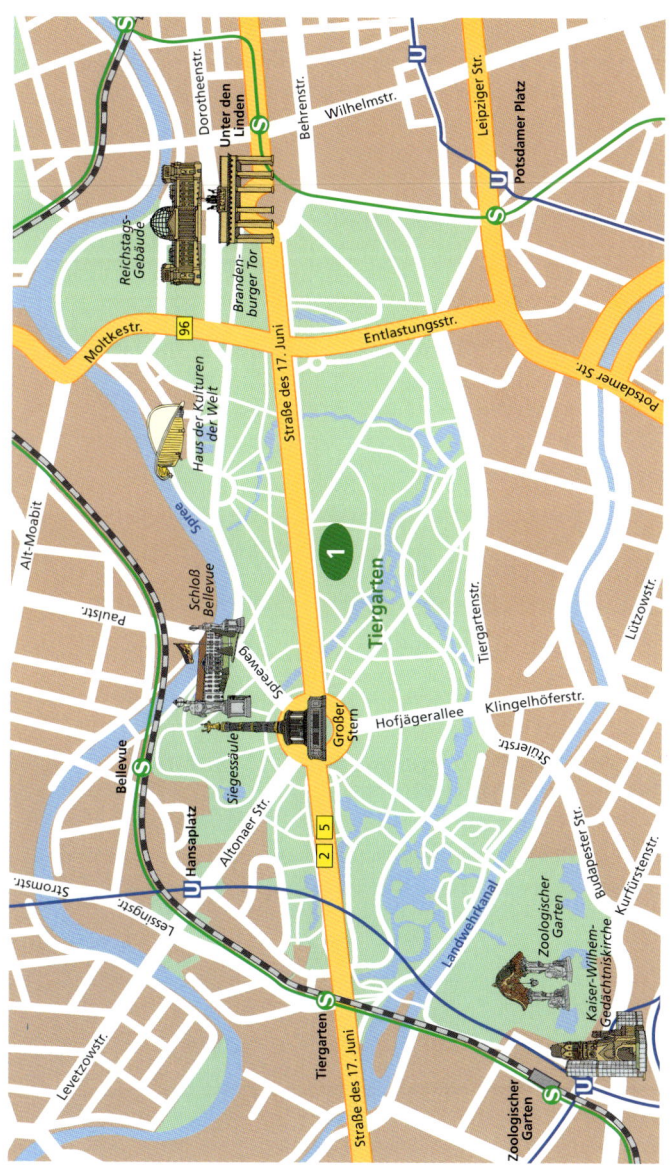

Dorotheenstr.

Unter den Linden

Behrenstr.

Wilhelmstr.

Leipziger Str.

Potsdamer Platz

Reichstags-Gebäude

Branden-burger Tor

Moltkestr.

96

Straße des 17. Juni

Entlastungsstr.

Potsdamer Str.

Haus der Kulturen der Welt

Spree

Alt-Moabit

Schloß Bellevue

Paulstr.

Spreeweg

Tiergarten

1

Tiergartenstr.

Lützowstr.

Bellevue

Siegessäule

Großer Stern

Hofjägerallee

Klingelhöferstr.

Stülerstr.

Hansaplatz

Altonaer Str.

2 5

Budapester Str.

Kurfürstenstr.

Stromstr.

Lessingstr.

Landwehrkanal

Zoologischer Garten

Kaiser-Wilhem-Gedächtniskirche

Levetzowstr.

Tiergarten

Straße des 17. Juni

Zoologischer Garten

GROSSER TIERGARTEN

Die wichtigste Parkanlage Berlins war einst Jagdrevier der großen Kurfürsten. Heute ist sie beliebte Erholungsstätte der Weltstadtbewohner, favorisiertes Ausflugsziel der Touristen, aber auch Standort berühmt-berüchtigter Events, wie der Love-Parade. Die Geschichte des Tiergartens geht bis ins 16. Jahrhundert zurück. Bei seiner Gestaltung setzten Knobelsdorff, Sello d.J. und Lenné die wichtigsten Akzente. Nach dem schwerwiegenden Eingriff von Hitlers „Reichsarchitekt" Speer hinterließ der 2. Weltkrieg den Tiergarten in einem katastrophalen Zustand. Den gegenwärtigen Glanz verdankt die Anlage dem „Grünen Notprogramm" der fünfziger Jahre und der umfassenden Instandsetzung im denkmalpflegerischen Sinne seit 1985.

🚌 Mathilde-Jacobs-Platz 1, S 3, 5, 7 und 9 Tiergarten
Bus 341 bis Ottostraße, Bus 245 und 340 Rathaus Tiergarten

*D*ie älteste und bedeutendste aller Berliner Parkanlagen ist der Große Tiergarten. Seine Anfänge reichen bis in die erste Hälfte des 16. Jahrhunderts zurück, als hier die Kurfürsten Joachim I. und Joachim II. Wald und Ländereien einzäunten, um Tiere für die Jagd aussetzen zu können. Auch dem Großen Kurfürsten diente der Tiergarten noch als Jagdrevier, aber schon während seiner Regentschaft (1640-88) wurden bereits die ersten Alleen angelegt. So zum Beispiel die Große Querallee, die damals Jungfernallee hieß.

Unter Friedrich I. kam es zu einschneidenden gestalterischen Veränderungen, die bis heute das Bild des Tiergartens bestimmen: Im Zusammenhang mit der Erstanlage des Charlottenburger Schlosses (1659-99) wurde in Verlängerung der Allee „Unter den Linden" eine breite Schneise durch den Tiergarten geschlagen, um so eine Verbindung zwischen der Stadt und dem Schloss herzustellen. Damals

Löwenbrücke im westlichen Teil des Großen Tiergartens

entstand auch der „Große Stern" mit acht strahlenförmig zulaufenden Sternalleen und der „Kurfürstenplatz" mit seinem Alleen-Fächer. Dies war der Beginn einer sukzessiven Veränderung des Jagdreviers in einen gestalteten Waldpark.

Friedrich der Große veranlasste dann Georg Wenzeslaus von Knobelsdorff (1699-1753), den Tiergarten zu einem „Lustpark" auszubauen, und zwar auch als Spazierweg für die Bevölkerung. Die Umzäunung wurde entfernt, der „Große Stern" mit doppelten Alleen gefaßt und mit Statuen geschmückt. Südlich davon, zwischen den Schneisen, richtete man Labyrinthe ein und östlich, in der Nähe des Brandenburger Tores, entstand ein dichtes Netz von parallel und radial geführten Wegen und Alleen mit sogenannten Salons und Kabinetten.

Im 18. Jahrhundert spielte der Tiergarten schon eine bedeutende Rolle als Naherholungsgebiet, damals noch vor den Toren der Stadt. Einrichtungen wie die ersten Vergnügungszelte um 1745 auf dem

„Kurfürstenplatz", der dann später „Zeltenplatz" genannt wurde, charakterisieren diese Veränderung. Gegen Ende des Jahrhunderts gestaltete der Hofgärtner Sello d.J. erste Partien im landschaftlichen Stil. So entstanden 1786-90 nach seinen Plänen der Schloßpark Bellevue und 1792 die „Neue Partie" mit der Rousseauinsel, einer Nachbildung der Grabstätte des Philosophen in Ermenonville und allgemein beliebtes Gestaltungselement des englischen Landschaftsparks.

Diesem Gartenideal verhalf dann Peter Joseph Lenné (1789-1866) im Auftrag Friedrich Wilhelm III. zu seinem Durchbruch. Er verwandelte zwischen 1832-39 in mehreren Teilabschnitten und unter Berücksichtigung der barocken Planungsstrukturen den teils verwilderten und versumpften Waldpark in einen von lichten Wiesen und malerischen Wasserflächen durchzogenen Hain, mit den für ihn typischen Gehölzgruppierungen und übergreifenden Sichtbeziehungen. Lennés geschaffene Grundstruktur hat sich bis zum 2. Weltkrieg gehalten - in der Zwischenzeit wurden lediglich Denkmäler aufgestellt, die Siegessäule errichtet und der Park mit zeitgenössischen Gartendekorationen verziert.

Der schwerwiegendste Eingriff fand dann ab 1937 unter Hitler und Speer statt, als man die Charlottenburger Chaussee, die heutige Straße des 17. Juni, von 27 m auf 53 m verbreiterte und die seitlichen Baumreihen abholzte. Die ehemalige Flanier-Meile war zu einer Hauptverkehrsader degradiert worden, die den Park in zwei Teile zerschnitt. Das Ende des Krieges hinterließ den Tiergarten in einem trostlosen Zustand. Nach Kampfhandlungen, Bombenschäden und dem Abholzen durch die frierende Bevölkerung, standen von den ehemals 200.000 Bäumen nur noch ca. 700. Auf den freien Flächen wurden Kartoffeln angebaut. Kaum vorstellbar, wenn man heute durch den Park spaziert.

In den 50er Jahren wurde im Rahmen eines „Grünen Notprogramms" lediglich aufgeforstet, aber seit 1985 mit einer umfassenden Instandsetzung im denkmalpflegerischen Sinne begonnen. Hervorzuheben sind insbesondere die Regenerierung bedeutender Alleen, wie

Denkmal für die Königin Luise auf der Luiseninsel

der Fasanerie-, der Bellevue-, der Friedens-, der Großen Sternallee und der sogenannte Baumsaal, einer nach Lennés Vorbild aufgepflanzten vierreihigen **Lindenallee** am östlichen Rand des Tiergartens, aber auch zum Beispiel der **Großfürstenplatz** mit seinem Bassin und dem wasserspeienden Triton.

Zu den Höhepunkten gehört die Instandsetzung der **Luiseninsel**, am südlichen Rand des Tiergartens gelegen. Der ursprüngliche Entwurf stammt von Eduard Neide (1818-1883), Königlicher Tiergartendirektor, anläßlich der Figurenaufstellung der in Preußen vielgeliebten Königin Luise. Nach historischen Fotos wurden Gitter, Bepflanzungen und Wege wiederhergestellt. Neben der Wiedergewinnung des sensiblen Reliefs und der künstlerischen Raumwirkung ist besonders die exakte Rekonstruktion des Blumenparterres hervorzuheben. Zur 750-Jahr-Feier der Stadt Berlin wurde auch mit der Restaurierung der Umgebung der Luiseninsel das gartenkünstlerische Gesamtensemble wiederhergestellt. Dazu gehörte zum Beispiel die Rückgewinnung der zugewachsenen

Blickbeziehung zwischen Luise und ihrem Gatten, Friedrich Wilhelm III. auf dem gegenüberliegenden Ufer. Welch´ feine Symbolik!

Ein Spaziergang von West nach Ost, südlich der Straße des 17. Juni, führt zuerst durch die Lenné`schen Anlagen rund um den **„Neuen See"**. Entlang der Fasanerie-Allee - mit einem traumhaften Blick auf die Siegessäule - stehen Teile des ehemaligen Hubertusbrunnens, wie die Büffel- (von Fritz Schaper) und die Eberjagd (von Carl Begas). In Verlängerung der Allee, direkt auf der anderen Seite des Landwehrkanals befindet sich die **Rosa-Luxemburg-Gedenkstätte**.

Am Rande der Thomas-Dehler-Straße steht ein **Fontanedenkmal**. Quert man die Hofjägerallee, werden die Wege verschlungener bis man an den großen Wasserlauf mit der **Rousseau-Insel** gelangt. Gegenüber steht ein Lortzing-Denkmal und am Rande des Weges erinnert eine Stele an die Baumspender der Nachkriegsjahre. Nördlich des Lortzing-Denkmals befindet sich das reizende **Rosarium**.

Bis zur Luiseninsel säumen Rhododendren den Weg, eine besondere Pracht im Frühsommer. Vorbei am Denkmal des Prinzen Wilhelm - späterer Kaiser - geht man über die Bellevueallee an den Statuen von Haydn, Mozart und Beethoven entlang zum **Goldfischteich**. Dieser stellt allerdings nur noch eine vage Erinnerung an das hier einst von Knobelsdorff geschaffene Venusbassin dar.

Auf der anderen Seite der Straße des 17. Juni befindet sich das **Sowjetische Ehrenmal**, unmittelbar nach dem Krieg 1945 errichtet. Der Granit stammt aus der zerstörten Reichskanzlei, die Gartenanlage hinter der halbrunden Kolonnade ist Teil des Denkmals und zugleich Gefallenenfriedhof .

Die große Freifläche vor dem **Reichstag** - heute Platz der Republik - war früher königlicher Exerzierplatz. 1844 eröffnete hier ein Herr Kroll den berühmten „Krollschen Wintergarten" mit Platz für 6.000 Gäste. Zu seiner Zeit ein vielbesuchter Veranstaltungsort für Theater, Bälle, Konzerte und Bankette.

Geht man auf der Nordseite der ehemaligen Charlottenburger Chaussee - Straße des 17. Juni - in westlicher Richtung, erreicht man den halbmondförmigen **Zeltenplatz** mit seinen strahlenförmig abgehenden Alleen. Ein kleines Stück weiter liegt der **Großfürstenplatz**.

Dominierender Mittelpunkt des Tiergartens ist ohne Zweifel der **„Große Stern"**. Knobelsdorff entwarf diesen Platz als Zentrum der Allee zwischen Stadt und Charlottenburg, er war von Hecken gerahmt und mit 16 Schmuckstatuen verziert. Diese Figuren wurden von den Berlinern die „Puppen" genannt. Obwohl sie schon seit 1829 nicht mehr dort stehen, ist „bis in die Puppen" heute noch ein gängiger Ausdruck für „sehr spät, eine lange Zeit". 1939 wurde der Platz von den urprünglich 100m auf 200m Durchmesser vergrößert und die Siegessäule von

Rasenparterre am Parkhaus im Englischen Garten

dem Königsplatz, dem heutigen Platz der Republik, hierher verlagert. Die güldene Figur des Engels auf der Säulenspitze (von J.H. Strack 1873) mit ihrem erhobenen Siegeskranz ist - nicht erst seit Wim Wenders „Himmel über Berlin" - herausragendes und geliebtes Wahrzeichen der Stadt, krönender Endpunkt vieler Sichtachsen für Fußgänger und Autofahrer. Die Berliner nennen sie liebevoll die „Gold-Else".

Der Teil des Großen Tiergartens zwischen dem Schloss Bellevue und der Altonaer Straße wird **„Englischer Garten"** genannt, weil seine Anlage, die aus den 50er Jahren stammt, von der Britischen Regierung bezahlt worden ist. Auch der Garten des Schlosses Bellevue, ständiger Amtssitz des Bundespräsidenten, wurde in dieser Zeit gestaltet. Leider ist die schöne Anlage für die Öffentlichkeit nicht zugänglich.

TIPP *Nicht nur für Erholungssuchende und gartenarchitektonisch Interessierte ist der Tiergarten ein lohnendes Ziel. Mit der* **Siegessäule**, *der* **ehemaligen Kongresshalle**, *dem* **Schloss Bellevue** *und dem neuen* **Bundespräsidialamt** *lassen sich auch einige Bauwerke von Rang besichtigen. Die Siegessäule, im Jahre 1873 zur Erinnerung an die siegreich ausgegangenen Einigungskriege errichtet, bietet Besuchern, die den steilen Treppenaufgang nicht scheuen, einen Blick auf den Tiergarten von oben. Eine kleine Ausstellung im Sockelgeschoss macht mit der Architektur des Bauwerks und den geschichtlichen Hintergründen vertraut.*

Symbol einer ganz anderen Epoche, nämlich der fünfziger Jahre, ist die Kongresshalle am nordöstlichen Rand des Tiergartens. Heute dient der Bau - 1957 erbaut, 1980 in sich zusammengestürzt und 1987 schließlich wieder errichtet - als "Haus der Kulturen der Welt".

Der, wenn schon nicht beliebteste, so doch bekannteste Kaffeegarten Berlins liegt mitten im Tiergarten: Das **Café am Neuen See** *lockt bei schönem Wetter Heerscharen von Ausflüglern an. Wer dem Trubel spontan entfliehen will, kann das tun und sich am Café ein Ruderboot leihen und dann den Tiergarten vom Wasser aus bewundern.* 🌿

INVALIDENFRIEDHOF

Der Invalidenfriedhof – als angemessene Begräbnisstätte für altgediente Soldaten – wurde von Friedrich II. 1748 gegründet. Er ist einer der ältesten und bemerkenswertesten Friedhöfe Berlins, der in besonderer Weise die Geschichte von Preußens Gloria bis hin zum tragischen Irrweg des DDR-Sozialismus dokumentiert.

Zugang   Scharnhorststraße

🕐   Vom 1. 4. bis 30. 9. von 7.00 bis 19.00 Uhr und
      vom 1. 10. bis 31. 3. von 8.00 bis 16.00 Uhr geöffnet

🚌   Invalidenstraße/ Ecke Scharnhorststraße
      U 6 Zinnowitzerstraße, Tram 6, 8, 50 Invalidenstraße
      Bus 157, 245 und 340 Platz vor dem Neuen Tor
      S 1, 2 und 25 Nordbahnhof

*A*m 15. November 1998 ist der Invalidenfriedhof 250 Jahre alt geworden. Nach Beendigung des Zweiten Schlesischen Krieges (1744-1745) legte Friedrich II. an der jetzigen Stelle den Grundstein nicht nur für das schon von seinem Großvater geplante Invalidenhaus - eine Unterkunft für altgediente Soldaten - sondern auch für eine angemessene Begräbnisstätte. Damit zählt dieser Friedhof nicht nur zu einem der ältesten Berlins, sondern ist auch ein sehr bemerkenswerter Ort, welcher in besonderer Weise die preußisch-deutsche Geschichte dokumentiert.

Der an der heutigen Scharnhorststraße in Berlin-Mitte gelegene Friedhof beinhaltete in den ersten 20 Jahren seines Bestehens lediglich die Fläche des Grabfeldes A. Man kann davon ausgehen, dass dieser „Invalidenkirchhof" zwar vollständig eingezäunt war, aber sonst noch so gut wie keinen Schmuck aufwies oder in irgendeiner Form durch Wege oder Alleen gestaltet war. Eine der ältesten erhaltenen Grabstätten ist die des zweiten Kommandanten des Invalidenhauses, George Christoph von Daemke (1719-1775).

Auf dem ältesten Friedhof Berlins

Erst in der Zeit nach den Befreiungskriegen, die auch eine Blüte preußischer Gartenkunst hervorbrachte, wurde die Anlage im Stil der jetzt klassisch genannten Friedhofsgestaltung umgebaut, d.h. 1835 wurde ein kreuzförmiges Wegesystem, begleitet von Lindenalleen, angelegt und ringsherum Ziersträucher gepflanzt.

Der einst dicht belegte Friedhof mit seinen insgesamt über 30.000 Bestattungen war geprägt durch eine Vielzahl dicht gedrängter guss- und schmiedeeiserner Grabgitter sowie zahlloser steinerner Grabkreuze und monumentaler Skulpturen sowie einer Vielzahl steinerner Mausoleen, aber auch sehr artifizieller Grabmäler, wie das sogenannte

Tabernakel-Grabmal von Schinkel für den Kriegsminister von Witzleben. Wie überhaupt einige besonders wertvolle, von Schinkel gestaltete Grabmale hier erhalten sind, die zu den besten Beispielen des preußischen Klassizismus der Grabmalskunst zählen. – An erster Stelle ist das Scharnhorst-Grabmal zu nennen. Ein auf zwei massiven Pfeilern ruhender, mit umlaufendem Reliefschmuck versehener und von einem schlafenden Löwen gekrönter Hochsarkophag. Die Reliefs stammen von Friedrich Tieck, die bronzene Löwenplastik ist ein Werk Christian-Daniel Rauchs, angeblich gegossen aus dem Metall erbeuteter Kanonen.

Nach 1918 zählt man auf dem Invalidenfriedhof immer noch 6.000 Grabstellen, vornehmlich von Gittern umzäunt und mit Grabsteinen aus dunklem Granit oder Marmor.

Während der Zeit der Nazi-Herrschaft bestand teilweise die akute Gefahr, dass dieser mit der Militärgeschichte Preußens so eng verwobene Friedhof für ideologische Zwecke missbraucht würde. Entsprechende Umgestaltungspläne mit bombastischen Ehrenmalen und einer „Soldatenhalle" wurden zum Glück nie verwirklicht, und der neuerdings zeitweilig auftauchende Begriff „Nazi-Friedhof" entbehrt jeder Grundlage; im Gegenteil, hier wurden vielmehr Opfer und Gegner des Regimes bestattet.

Von den Alliierten wurde der Invalidenfriedhof als militärisches Objekt beschlagnahmt und mit dem Befehl vom 17.Mai 1946 über die Entfernung militärischer und nationalistischer Denkmäler die schrittweise Zerstörung des Friedhofes eingeläutet. Im Jahre 1951 wurde der Ort als Begräbnisstätte geschlossen und weitere Gräber geräumt und planiert. Aber erst durch den Mauerbau und die Errichtung des sogenannten „Todesstreifens" auf der Friedhofsfläche begann die eigentliche Agonie des Invalidenfriedhofes. Ohne auf die makabren Details dieses beispiellosen Kulturvandalismus näher einzugehen, sei jedoch erwähnt, dass der Abbau von Grabmalen, bei deren Gräbern die Liegezeit zum Teil noch nicht abgelaufen war, in Tonnen dokumentiert wurde: „26,5 t Gedenksteine und mehr als 3t guss- und schmiedeeiserne Grabgitter" wurden abtransportiert.

Erst 1991 konnte ein Instandsetzungskonzept entwickelt und bereits im Herbst mit der Wiederaufpflanzung der Lindenallee begonnen werden. Dabei war von vornherein klar, daß ein Teil der Mauer und des sog. „Todesstreifens" als Denkmal bestehen bleiben sollten.

Inzwischen sind erfolgreiche Restaurierungsarbeiten an erhalten gebliebenen Grabmalen vorgenommen worden und durch gartenarchäologische Grabungen auch vermutete Gräber und ganze Grabquartiere entdeckt worden. Man ist sich jedoch einig darüber, dass es unmöglich ist, den Friedhof in seiner Vorkriegsform rekonstruieren zu wollen.

Es besteht aber kein Zweifel daran, dass die wenigen noch erhaltenen Grabmale mit zum wertvollsten kunstgeschichtlichen Erbe deutscher Grabmalkultur gehören, und der Invalidenfriedhof vermittelt jedem geschichtlich Interessierten die Aura eines bedeutungsschweren Ortes - von Preußens Gloria bis hin zu dem tragischen Irrweg des DDR-Sozialismus.

Invalidenfriedhof, seit über 250 Jahren Soldatenfriedhof

Dorotheenstädtischer Friedhof und Französischer Friedhof

Wie viele andere nennenswerte Sehenswürdigkeiten Berlins, wurden auch diese Friedhöfe von Friedrich dem Großen im 18. Jh. gegründet. Durch ihre Lage inmitten von Gemeinden, in denen früher und heute zahlreiche Künstler, Wissenschaftler und Intellektuelle tätig waren und sind, wurden die Anlagen über die Jahrhunderte zu einem Ort der Erinnerung an herausragende Persönlichkeiten wie z.B. Anna Seghers, Bertolt Brecht, Heinrich Mann und Arnold Zweig.

Zugang Chausseestraße 126/127

🕐   Vom 1. 4. bis 30. 9. von 7.00 bis 19.00 Uhr
      und vom 1. 10. bis 31. 3. von 8.00 bis 16.00 Uhr
      geöffnet

🚌   Chausseestraße 126, U 6 Zinnowitzerstraße
      Tram 1, 13 und 50 Oranienburger Tor
      Bus 157, 245 und 340 Oranienburger Tor

*I*m Jahre 1762 wurde auf Veranlassung Friedrich des Großen hier an der Chausseestraße der **Dorotheenstädtische Friedhof** gegründet. Zwanzig Jahre später wurde er um den Begräbnisplatz für die Französisch-Reformierte Gemeinde erweitert.

Durch ihre Lage innerhalb von Gemeinden, die traditionell Lebens- und Wirkungsstätten bedeutender Wissenschaftler, Künstler und Intellektueller waren und sind, blieben die beiden Friedhöfe über die Jahrhunderte ein Ort der Erinnerung an herausragende Persönlichkeiten.

Umgeben von großstädtischer Bebauung findet man hinter den Mauern, unter alten Bäumen und zwischen Eibenhecken die von großen Baukünstlern wie Schinkel, Schadow, Rauch und Tieck gestalteten Grabmale. Aber auch moderne schlichte Stelen, wie auf der Grabstätte des Schriftstellers Heiner Müller, fügen sich nahtlos ein.

Ein Spaziergang über diesen Friedhof wird zu einem Gang durch die Geschichte, denn nicht nur Philosophen wie Fichte und Hegel ruhen hier, sondern der ganze Reichtum der kulturellen Elite Berlins wird dem Besucher auf sanfte, aber eindrucksvolle Weise vor Augen geführt.

Bernhard Minetti, Anna Seghers, Bertolt Brecht und Helene Weigel, Heinrich Mann, Arnold Zweig, Johann Gottfried Schadow, Karl Friedrich Schinkel, Peter Christian Beuth und August Borsig sind neben vielen anderen hier begraben worden.

Ein hohes Stahlkreuz erinnert an die am 22. April 1945 ermordeten Widerstandskämpfer und Opfer in den Konzentrationslagern wie Klaus und Dietrich Bonhoeffer, Hans John, Hans Ludwig Sierks, Karl Adolf Marks, Hans von Dohnanyi und Justus Delbrück.

Durch eine Kalksteinmauer getrennt liegt der **Französische Friedhof** - auf ihm ist besonders erwähnenswert das Grabmal des Erziehers von Friedrich Wilhelm IV, Friedrich Ancillon, das eines der letzten Werke von Karl Friedrich Schinkel ist.

Beeindruckend sind außerdem das Grabmal des Schauspielers Ludwig Devrient - beispielhaft für die immer noch bedeutende Eisengießerei-Kunst in Berlin - und das große Baldachingrab des Kommerzienrats Ravené, gestaltet von Friedrich August Stüler.

In wirtschaftlich und politisch schwierigen Zeiten haben die Grabmale durch Zerstörung, Verfall, Demontage und Vandalismus schwer gelitten; doch nach erheblichen Bemühungen der Gemeinden, dem Landesdenkmalamt und Sponsoren können die beiden Friedhöfe heute wieder als beeindruckendes Geschichtsbuch erlebt werden.

Grabstätte Karl Friedrich Schinkels

Grabstätte der Familie Borchardt auf dem Dorotheenstädischen Friedhof

TIPP *Direkt neben den Friedhöfen liegt das* **Brecht-Haus** *(Chausseestraße 125). Das Wohnhaus von Bertholt Brecht und Helene Weigel zeigt heute eine kleine Ausstellung in den Wohn- und Arbeitsräumen des Dichters. Auch ein Brecht-Forschungszentrum und das Brecht-Archiv sind hier untergebracht. Der Hofgarten und das Kellergeschoß werden ebenfalls intensiv genutzt – ausschließlich gastronomisch. Um hier den unvermeidlichen Brechtbezug herzustellen, werden alle Gerichte - bürgerliche Küche der gehobenen Kategorie - nach den Originalrezepten der Helene Weigel zubereitet, jedenfalls wenn man der Speisekarte glauben mag.*

UNTER DEN LINDEN, LUSTGARTEN, PARISER PLATZ, GENDARMENMARKT

Diese vier „Parkanlagen" bilden heute das Herz von Berlin. Friedrich I. ließ den Lustgarten um das Schloss, dessen Wiederaufbau weiter in der Diskussion ist, anlegen. Der Lustgarten wird mit dem Pariser Platz, entstanden durch die westliche Stadterweiterung, durch die jetzt fertiggestellte „Gallerie" verbunden. Der Pariser Platz ist heute Touristentreffpunkt der Stadt, gärtnerische Elemente treten in den Hintergrund. Höhepunkt und mittlerweile als einer der schönsten Plätze Europas bezeichnet: der Gendarmenmarkt.

Unter den Linden und Lustgarten:
S 3, 5, 7, 75, 9 Hackescher Markt
Bus 100, 157, 348
Pariser Platz: S 1, 2, und 25 Unter den Linden
Gendarmenmarkt: U 2 Hausvogteiplatz oder Stadtmitte
Bus 147 und 257

*D*ie ersten Impulse für eine gärtnerische Gestaltung, die Anlage von Schlössern, Gärten, aber auch Kanälen und Alleen in Berlin bzw. Brandenburg stammen aus der Zeit nach dem Dreißigjährigen Krieg (1618-1648). Der Große Kurfürst kehrte zu der Zeit mit seiner jungen Frau Louise Henriette, von seiner niederrheinischen Residenz Kleve nach Berlin zurück und brachte mit sich auch Idealvorstellungen einer Landschaftsgestaltung nach niederländischem Vorbild, so wie er sie bei Johann Moritz von Nassau-Siegen in Kleve bewundert hatte. Erstes Zeugnis dieser aus Holland importierten Liebe zu Gärten ist seine 1646 ausgesprochene Anweisung zur Anlage des Berliner **Lustgartens**.

43

Auf einem bei Merian gedruckten Plan des Architekten J.G. Memhardt von 1652 erkennt man eine barocke Anlage mit Obst- und Nutzgarten, Laubengängen, Wasserbecken und ein schlossähnliches Lusthäuschen. Dies alles erstreckte sich auf der Spreeinsel vom jetzigen Bode-Museum bis zum Schloss. Nicht alle Details dieses Plans sind ausgeführt worden, denn 1658 entstand im Rahmen der Befestigungsanlagen der Wall und eine Bastion auf der Fläche hinter dem Alten Museum. 1698-1703 wurde das Schloss umgestaltet und der Garten in repräsentativer Weise auf das Gebäude ausgerichtet. Rückblickend war dies wohl seine glanzvollste Zeit, denn schon Friedrich Wilhelm I. verwandelte den Platz vor seinem Schloss bald nach 1714, seiner Thronbesteigung, in einen Exerzierplatz. 1828 erhielt der Lustgarten wieder ein sparsames gärtnerisches Gesicht mit von Buchsbaum gefassten Rasen- und Blumenrabatten, einer Fontäne und Kieswegen. Nach reichlich 100 Jahren bekamen dann mit den Nationalsozialisten Aufmärsche wieder Priorität und der Lustgarten wurde nochmals Exerzier- und Demonstrierplatz, eine Tradition, an die die DDR fast nahtlos anschloss.

Nach der Auslobung eines Wettbewerbes im Jahre 1994 wurde der Platz vor dem Alten Museum in strenger, architektonischer Form aufs Neue gärtnerisch gestaltet. Die Zukunft der Fläche gegenüber ist noch ungewiss.

Ein Jahr nach seinem Anstoß zur Anlage des „Lustgartens" erließ der Kurfürst, noch immer aus dem fernen Kleve, den Befehl, eine „Gallerie" von Linden- und Walnussbäumen anzupflanzen, die den Reitweg vom Schloss zum Tiergarten begleiten sollten. Der auch schon für den Lustgarten verantwortliche „Lustgärtner" Michael Hanff setzte etwa tausend Linden und entsprechend viele Nussbäume und schuf damit die Geburtsstunde der heutigen Straße **„Unter den Linden"**. Diese inzwischen über 300jährige Straße hat eine wechselvolle Geschichte erlebt.

Der östliche Teil - der jetzige Teil des sogenannten Lindenforums - ist übrigens zwischen 1658 und 1683 wegen des Baus der Festungsanlagen abgeholzt und auch nach der schrittweisen Niederlegung der Wälle im 18. Jahrhundert nie wieder mit Bäumen aufgepflanzt worden.

Anfänglich ein durch die Bäume angenehmer schattiger Reitweg durch die offene Feldflur zum Jagdrevier, wurde „Unter den Linden" ab 1668 im Zuge des Entstehens der sog. Dorotheenstadt allmählich baulich gerahmt. Ihre Entwicklung zur Prachtstraße erlebte zwischen 1771 und 1776 einen Höhepunkt, als Friedrich II. schlichte einstöckige Häuser abreißen ließ, um stattdessen viergeschossige Repräsentationsbauten errichten zu lassen. Zu dieser Zeit wurde auch das Prinz-Heinrich-Palais (heute Humboldt-Universität) bezugsfertig. Weitere Glanzpunkte setzte K.F. Schinkel im 19. Jahrhundert.

Die Lindenallee selbst hat von Anfang an unter den schlechten Standortbedingungen gelitten. Der trockene Sandboden und die schlechte Wasserführung haben immer wieder zum Absterben der gesetzten Bäume geführt. Ständig haben die Gärtner bzw. die Gartenbauämter Pflegemaßnahmen und Neuanpflanzungen vornehmen müssen, um zu verhindern, dass ...."diese schöne Promenade ein-

Mittelpromenade Unter den Linden mit Blick auf das Brandenburger Tor

gehen sollte; Berlin würde da eine große Annehmlichkeit verlieren, und das Vergnügen der Einwohner würde sehr darunter leiden." (Karl Heinrich Krögen, 1785).

In Zusammenhang mit der Olympiade 1936 wurden erstmalig alle Alleebäume abgeholzt und durch Neupflanzungen ersetzt, jedoch machten die kriegsbedingten Zerstörungen wiederum eine fast völlige Neupflanzung gleich nach Kriegsende erforderlich. Die Schäden der letzten Zeit - Umwelteinflüsse, Gasschäden im Wurzelbereich, falsche Pflanzhöhen, Schattendruck der benachbarten Häuser - machen eine erneute Grundsanierung im gartendenkmalpflegerischen und stadtgestalterischen Sinn erforderlich.

Der Straßenzug „Unter den Linden" als Identifikationspunkt Berlins, als Ort der Erinnerung und Sinnbild großstädtischer Lebensqualität benötigt, verdient dauerhaft eine „liebende Hand".

Die seit ihrer Aufpflanzung stringente Ost-West-Ausrichtung der städtebaulichen Entwicklung entlang der Linden-Allee erfuhr in Höhe des Opernplatzes, besonders aber im Bereich der „Neuen Wache" etwa Mitte des 18. Jahrhunderts einen deutlichen Richtungswechsel. Auf dem Gelände des hier etwa im rechten Winkel, d.h. nord-südlich verlaufenden Festungsgrabens kam es zur Ausformung eines grünen Querriegels. Wie jüngste gartenarchäologische Grabungen erwiesen, ist nicht nur der mit Sandsteinquadern gefasste Festungsgraben noch vollständig erhalten, sondern auch alle Bestandteile dieses Grünzuges mit „Kastanienwäldchen", der Garten des Prinzessinnenpalais - auch „Grüner Graben" genannt - und der sich anschließende Teil des Opernplatzes.

Dieser Graben wurde Ende des 19. Jahrhunderts zugeschüttet und die in diesem Bereich vorhandenen Grünanlagen sind nach einer Reihe von Umformungen durch die Jahrhunderte heute verschwunden. Es ist Aufgabe der Gartendenkmalpflege, in kluger Abwägung zwischen aktuellen Nutzungsanforderungen, Wirtschaftlichkeit und Dokumentationspflicht diese grüne Querachse zu den Linden wieder sichtbar zu machen.

Aber nicht nur die Wiederherstellung der Freiflächen südlich der „Linden", sondern die Sichtbarmachung der grandiosen Leistung K.F. Schinkels an dieser Stelle in Berlin, muß Ziel des Städtebaus sein.

„Wirklich, ich kenne keinen imposanteren Anblick, als vor der Hundsbrücke stehend nach den Linden hinauf zu sehen. Rechts das hohe, prächtige Zeughaus, das neue Wachhaus, die Universität und Akademie. Links das königliche Palais, das Opernhaus, die Bibliothek etc.. Hier drängt sich Prachtgebäude an Prachtgebäude."

Heinrich Heine 1822

Es sind eben nicht nur die vorhandenen Gebäude sorgfältig zu erhalten, sondern auch die Freiplätze in ihrer ehemals sehr differenzierten Ausprägung herauszuarbeiten und die Plastiken der Schadow-Rauch-Schule an ihren alten Standorten aufzustellen. Zugleich ist durch Nachpflanzungen der seit Schinkel verbindliche, d.h. im regelmäßigen Zustand gepflanzte Kastanienhain wieder zu stärken und die Pflasterflächen an der Neuen Wache und auf dem Platz am Zeughaus nach dem Entwurf Heinrich Tessenow´s von 1931 wiederaufzunehmen. Gemeinsam mit den wiederherzustellenden Freiflächen auf der Südseite der Linden würde es gelingen dem zukünftigen Kern der Hauptstadt wieder seine prägnante städtebaulich-künstlerische Qualität zurückzugeben.

Die Allee „Unter den Linden" erhält im Jahre 1734 ihren außerordentlichen Abschluss durch die Anlage des Quarrés, dem späteren **Pariser Platz**. Seine Entstehung ist mutmaßlich der Planung des Oberbaudirektors Friedrich Wilhelms I. zu verdanken, der die westliche Stadterweiterung von 1688 fortführte. Mit dem Bau des Brandenburger Tores in den Jahren 1788 bis 1791, nach den Plänen von Carl Gotthard Langhans, wurde der Pariser Platz zu dem markantesten Punkt Berlins.

Die spätere bauliche Neufassung des Platzes seit Anfang des 19. Jahrhunderts geschah im Stil der dreigeschossigen, blockhaften Architektur der italienischen Renaissance.

![Pariser Platz, Blick über das „Brunnenparterre" auf das Brandenburger Tor]

Pariser Platz, Blick über das „Brunnenparterre" auf das Brandenburger Tor

Die Gestaltung der Platzfläche selbst durch den Berliner Stadtgartendirektor Hermann Mächtig im Jahre 1880 ordnete zwei Schmuckparterres mit Fontänen in zentraler Stelle an, durch die die Verkehrsfunktion des Platzes und sein räumlicher Charakter betont wurden. Dieser Eindruck erhielt sich im wesentlichen bis zu den Zerstörungen im Zweiten Weltkrieg, und er konnte inzwischen durch eine genaue gartendenkmalpflegerische Wiederherstellung im Jahre 1992 zurückgewonnen werden. Durch bedeutende Bauten, verschiedene Botschaften, das Hotel Adlon und das Palais Liebermann und durch die Rasenparterres mit den Blumenbordüren und den nachts erleuchteten Springbrunnen hat der Pariser Platz wieder sein weltweit bekanntes

Prachtvoller Schnurbaum am Deutschen Dom, Gendarmenmarkt

Gesicht erhalten - beeindruckend für jeden Besucher erlebbar, wenn nicht gerade wieder umfangreiche Bauarbeiten den Eindruck behindern.

Der für die Gestaltung des Pariser Platzes verantwortliche Hermann Mächtig war es auch, der 1889 den **Gendarmenmarkt** in ähnlicher Weise anlegte - zwei spiegelbildlich angeordnete Rasenparterres und Wasserbassins mit mächtigen Fontänen. Neben einer Fülle dekorativer Ziersträucher und einer Vielzahl teils exotischer Bäume, von denen sich zum Beispiel ein mehrstämmiger Schnurbaum (*Sophora japonica*) bis heute am Deutschen Dom erhalten hat, zierte den Platz zusätzlich ein aufwendiges Schmuckpflaster. Geschnittene Taxushalbkugeln und das für Berlin so typische „Tiergartengitter" zum Schutz der einzelnen Beete wie auch zahlreiche Bänke und Schinkelleuchten komplettierten die reiche Ausstattung.

Gemeinsam mit dem 1864-69 von Reinhold Begas geschaffenen Schiller-Denkmal ergab sich so bis zur Abräumung von Denkmal und Grün während der Naziherrschaft im Jahr 1935 ein besonders festlicher Platzeindruck.

Im Zuge der Instandsetzung des Deutschen Doms gelang es der Gartendenkmalpflege, letzte Reste der Mächtigschen Platzanlage zu retten. So waren neben dem von Granitborden gefaßten Umfahrungsweg noch Teile der Mosaikpflasterungen und des farbigen Asphalts erhalten, Wegebegrenzungen und Fundamentreste vorhanden. Die alte Vegetation war ja ohnehin noch für jedermann sichtbar. 1995-96 konnte dieses Relikt kaiserzeitlicher Schmuckplatzgartenarchitektur instandgesetzt werden. Außer den Bäumen, in der Mehrzahl Linden, sowie den zahlreichen Fliedersträuchern, wurden aber auch viel immergrüne Buchsbäume und die im 19. Jahrhundert besonders beliebte Strauchkastanie (*Castanea sativa*) in malerischen Gruppen nachgepflanzt.

Der Gendarmenmarkt gehört zu den schönsten Plätzen Berlins. Im Jahre 1688 als Hauptmarkt angelegt, ließ Friedrich I. in den Jahren 1705 bzw. 1708 die Kirchen der deutsch-reformierten und französischen Gemeinde hier errichten. Die um die beiden Gotteshäuser angelegten Kirchhöfe ließ Friedrich Wilhelm I. später schließen und statt ihrer Stallgebäude sowie die Hauptwache des Kürassierregiments „Gens d´armes" anlegen. So erhielt dieser berühmte Platz seinen unverwechselbaren Namen.

TIPP *Geschichtsinteressierte werden am* **Deutschen Historischen Museum** *nicht vorbeikommen. Die Ausstellung ist während der Umbauzeit des Zeughauses im gegenüberliegenden Kronprinzenpalais untergebracht. Weitere hochrangige Bauwerke auf dem Weg vom Lustgarten zum Pariser Platz: Schinkels* **Neue Wache**, *heute - heftig umstrittene - Nationale Gedenkstätte, die* **Staatsoper**, *die* **Hedwigs-**

Kathedrale, *die* **Humboldt-Universität**, *die* **Russische Botschaft** *und, quasi als krönender Abschluß, natürlich das* **Brandenburger Tor**, *mittlerweile nicht mehr nur Berliner sondern sogar Wahrzeichen des wiedervereinigten Deutschland.*

Aber nicht nur die Kultur, auch die Gastronomie buhlt Unter den Linden mittlerweile wieder mit einem überreichlichen Angebot um Kundschaft, vorzugsweise um zahlungskräftige. Bei schöner Witterung rücken die Wirte rasch Tische und Stühle auf das Trottoir, so dass es für den eiligen Spaziergänger nicht immer leicht ist voranzukommen. Das **Café Einstein**, *etwa auf halber Strecke zwischen Lustgarten und Pariser Platz, stellt sein Mobiliar sogar auf den verkehrsumtosten Mittelstreifen des Boulevards. Das ist einer der beiden Gründe, das Lokal hier zu erwähnen. Der andere ist die Tatsache, dass das Einstein eines von den beiden Berliner Cafés ist (das* Borchardt *am Gendarmenmakt ist das andere), die kontinuierlich und zu allen Zeiten wirklich guten Kaffee ausschenken.*

Am Gendarmenmark schreien sowohl der **Deutsche**, *als auch der* **Französische Dom** *geradezu danach, besichtigt zu werden. Das* **Schauspielhaus**, *zwischen den beiden Dombauten gelegen und Mittelpunkt des Gendarmenmarktes, gilt - wie ja so manch anderes Gebäude auch - als der bedeutendste Bau des genialen Baumeisters Karl Friedrich Schinkel.*

Das **Borchardt**, *gelegen in der Französischen Straße, zog es als erstes Lokal nach der Wende wieder zum Gendarmenmarkt. Wer's gemütlich mag lässt sich in der* **Weinhandlung Lutter und Wegner** *nieder.*
Ein heißer Tipp für Menschen, die für wenig Geld eine warme Mahlzeit zu sich nehmen wollen, ist die **Cafeteria der Musikhochschule** *Hans Eisler. Der Eingang liegt in der Charlottenstraße gleich neben dem Restaurant von Lutter und Wegner. Der Betreiber, tatsächlich immer noch das gute alte Studentenwerk, ist mittlerweile gehalten, gewinnorientiert zu wirtschaften, daher sind auch nichtstudentische Gäste gern gesehen. Die Öffnungszeiten allerdings erinnern noch an früher: Montags bis Freitags von 9 bis 15 Uhr.* 🌿

KÖLLNISCHER PARK

Der kleine Park mit dem Märkischen Museum gewährt auch
ohne eine besondere Grüngestaltung einen Blick in die Geschichte
Brandenburgs.

Zugang Die Anlage - einschließlich des Märkischen Museums -
wird von den Straßen Rungestraße, Wallstraße und
der Straße Am Köllnischen Park umschlossen

Rungestraße 31
S 3, 5, 7, 75, 9 Jannowitzbrücke
Bus 240, 265 Heinrich-Heine-Str.
U 2 Märkisches Museum
U 8 Jannowitzbrücke

*D*er Ursprung dieser eher kleinen Anlage um das Märkische
Museum herum ist sehr interessant. Hier befanden sich die vom
Kurfürsten Friedrich Wilhelm angelegten „Memhardtschen Festungs-
anlagen". Noch heute markiert die Spitze der Rungestraße/Am
Köllnischen Park den Verlauf der Bastion VII, und ein 1718 erneuerter
Rest eines Backsteinturmes, der sog. „Wusterhausische Baer", stammt
aus der Zeit. Später wurden barocke Gärten mit formalen Ausfor-
mungen angelegt, die im Laufe der Zeit das übliche Schicksal nahmen:
sie wurden in Landschaftsgärten umgewandelt. Von dem bedeutenden
Splitgerberschen Garten weiß man, dass er mit einem Lusthaus,
Pyramiden und einem Tempel ausgestattet war.

Nach 1870 entstand nach den Entwürfen des ersten Berliner
Gartendirektors Gustav Meyer ein städtischer Park, der mit der
Einrichtung des Märkischen Museums 1907 nochmals umgestaltet
wurde. 1938 zogen die „Berliner" Bären - seit dem 14.Jahrhundert das
Wappentier Berlins - in einen hier errichteten Bärenzwinger ein. Über
der Eingangstür prangt ein Stadtwappen von Ludwig Isenbeck.

Etwa am Standort des ehemaligen Bastionshügels südlich des Museums ragt ein Mühlenstumpf einer Bockwindmühle aus einer Strauchfläche hervor. Diese umgibt die erhöhte Terrasse vor dem Museum, die wie der Park seit 1971 als Lapidarium genutzt wird. Zu den Exponaten gehört auch die klassizistische Brückenfigur des Herkules mit dem Löwen von Conrad Boy, nach einer Skizze von Schadow ausgeführt. In der Nähe der Wallstraße steht das Zille-Denkmal von Heinrich Drake.

Zusammen mit dem Museum bildet dieser kleine Park ein Stück brandenburgische Geschichte, allerdings ohne eine nennenswerte Grüngestaltung.

TIPP *Das **Märkische Museum** dominiert mit seinem markanten Gebäude den Köllnischen Park. Es dokumentiert die geschichtliche und kulturelle Entwicklung Berlins und der Mark über einen Zeitraum von 10.000 Jahren.*

*Nach einem kurzen Fußweg am Spreeufer entlang kommt man zu einem der wohl prächtigsten Häuser der Hauptstadt, zumindest, was die Innenausstattung angeht. Das **Ermelerhaus** am Märkischen Ufer Nr. 10 wurde erst 1969 an dieser Stelle wieder aufgebaut, nachdem es mehr als zweihundert Jahre an der Breiten Straße gestanden hatte.* 🌿

Akanthusranken, Sandstein, 1. Hälfte 18. Jh.

LUISENSTÄDTISCHER KANAL

Aus dem schlichten Wassertransportweg wurde ein „Grüner Kanal" mit Gartenabschnitten von unglaublicher Form- und Motiv-Vielfalt. Mit dem Bau der Berliner Mauer verschwand die Anlage unter Erd- und Schuttmassen. Die fachlich schwierige und teuere Wiederherstellung begann 1991.

Zugang   Der Grünzug Luisenstädtischer Kanal erstreckt sich über eine Länge von gut einem Kilometer vom Urbanhafen am Landwehrkanal in Kreuzberg bis zur Spree im Bezirk Mitte. Er wird flankiert von den Straßen Segitzdamm, Erkelenzdamm, Legiendamm, Leuschnerdamm, Engeldamm und Bethaniendamm. Einbezogen in die Anlage sind zudem der Wassertorplatz, der Oranienplatz und der Michaelkirchplatz

🚌   Legiendamm- Bethaniendamm (Michaelkirchplatz)
Bus 140, 147 Michaelkirchplatz
U 8 Heinrich-Heine-Straße

*U*rsprünglich von Peter J. Lenné konzipiert als kürzeste Wasserverbindung zwischen Oberspree und Landwehrkanal, ist die Anlage „Luisenstädtischer Kanal" heute ein außergewöhnlicher Grünzug, der allerdings erst in Teilen restauriert ist und seine Schönheit in Ansätzen erkennen lässt.

Die Bedeutung als Transportweg für Baumaterial zur Errichtung der Luisenstadt verlor der Kanal bereits Ende des 19. Jahrhunderts. Da der Wasseraustausch schlecht war und besonders im Sommer die Geruchsbelästigung entsprechend, beschloss man 1926/27, die Wasserstraße zu verfüllen. Auf Intervention des damals gerade zum Stadtgartendirektor von Groß-Berlin ernannten Erwin Barth (1880-1933) wurde jedoch anstelle des Kanals eine Grünanlage angelegt, die den historischen Bezug zur Planung von Lenné aufgriff und es entstand

Laubengänge und Indischer Brunnen im Rosengarten

ein „Grüner Kanal" mit verschiedenen Abschnitten, die sich durch die Dämme der querenden Straßen ergaben.

Es gab den Dahlien-, den Alpenpflanzen-, den Rosengarten, einen Waldpflanzen- und einen immergrünen Garten. Thematisch bestimmend blieb jedoch das Wasser, das in vielen Variationen durchgespielt wurde. Die größte Wasserfläche bildete das Engelbecken vor dem Michaelkirchplatz, das mit Fontänen und Beleuchtung ausgestattet war. Die Barthsche Gartenanlage bestand, wenn auch teilweise zerstört, bis in die 50er Jahre, bevor sie partiell umgestaltet wurde und schließlich mit dem Bau der Berliner Mauer unter Erd- und Schuttmassen verschwand.

Nach dem Fall der Mauer wurde durch ein Grabungsprogramm die Barthsche Anlage mit allen konstitutiven Elementen wie Einfassungsmauern, Treppenanlagen, Bodenbelägen und sogar Vegetationsresten ans Licht gebracht, und die vollständige Wiederherstellung der unvergleichlichen Gestaltung ist das Ziel der Gartendenkmalpflege geworden.

Die Arbeiten begannen 1991 mit der Anpflanzung von 220 Linden an exakt den alten Baumstandorten. Auch der Rosengarten und der Immergrüne Garten sind inzwischen wiederhergestellt, einschließlich des reizenden „Indischen Brunnens" von dem Berliner Künstler Gerald Matzner nach historischem Vorbild neu interpretiert.

Eine zentrale - und die fachlich schwierigste und teuerste - Aufgabe wird es sein, das Engelbecken herauszuarbeiten und zu sanieren. Das ehemalige Hafenbassin soll wieder der festliche Mittelpunkt des gesamten Luisenstädtischen Kanals werden.

Macht man sich bewusst, wie unglaublich viel in Berlin erst noch „werden muss", dann erfreut schon heute der Eindruck von der unglaublichen Form- und Motiv-Vielfalt der Anlage und der hohen Könnerschaft Barths, den ursprünglichen Kanal in einem Grünzug weiterleben zu lassen.

TIPP *Am Legiendamm 32 gibt es seit undenklichen Zeiten das Lokal* **Zur Kleinen Markthalle**. *Diese im Jahre 1888 gegründete Kreuzberger Institution ist tatsächlich in dem Backsteinbau untergebracht, der einst eine kleine Markthalle beheimatete. Freunde einer mediterranen Küche, die sich vor allem auf Fisch und Meeresfrüchte stützt, sind gut aufgehoben an Bord eines alten Ausflugsdampfers, der für den Rest seines Lebens im Urbanhafen Anker geworfen hat. (Leider auf der dem Grünzug gegenüberliegenden Seite, zu erreichen über Fränkelufer und Admiralbrücke).*

Viktoria-Park und Riehmers-Hofgarten

Nach dem Bau der Mauer war der Viktoria-Park der einzige Volkspark aus dem 19. Jahrhundert, der West-Berlin erhalten blieb. Die städtebauliche Harmonisierung des Parks mit der umliegenden Bebauung und das Panorama vom Berg auf die Stadt sind sehr ansprechend. Durch die gartendenkmalpfleg erischen Arbeiten der letzten Jahre strahlt der Park erneut etwas altmodisch-charmantes aus. Riehmers-Hofgarten - unweit vom Viktoria-Park- war eine bevorzugte Wohnanlage der vermögen-den bürgerlichen Oberschicht des 19. Jahrhunderts.

Zugang   Der Viktoria-Park grenzt an die Katzbach- und die
Kreuzbergstraße, in die der Wasserfall mündet.
Der Zugang zum Park ist auch von der Duden-
und der Methfesselstraße aus möglich
Riehmers Hofgarten liegt zwischen der Yorkstraße
und der Hagelberger Straße,
von beiden Straßen ist der Zugang
tagsüber möglich

Kreuzberg, Bus 104 Dudenstraße – Katzbachstraße
Bus 119, 140 Kreuzberg-Wasserfall
Bus 219 Yorckstraße/ Großbeerenstraße
U 7 Platz der Luftbrücke, Mehringdamm

*D*er **Viktoria-Park** gehört zu den hervorragendsten Berliner Parkanlagen. Neben seiner Bedeutung als einer der ersten Volksparke ist diese Grünanlage mit ihren vielseitigen Ausstattungselementen ein kulturgeschichtliches Zeugnis, auch über Berlin hinaus.

Nach der Teilung der Stadt war der **Viktoria-Park** der einzige West-Berlin verbliebene, weitgehend original erhaltene Stadtpark des 19. Jahrhunderts. Er ist zugleich ein ausgezeichnetes Beispiel für die städtebauliche Verknüpfung der Parkanlage mit der umliegenden Bebauung. Eingebettet in ein übergeordnetes System von Straßen- und Gebäudeachsen, bietet der Blick von der höchsten natürlichen Erhebung der Innenstadt, dem Kreuzberg, ein einzigartiges Panorama auf Berlin. Die nördlich und östlich des Parkes überwiegend erhaltene zeitgenössische wilhelminische Bebauung bildet mit dem Park eine historische Stadtlandschaft von außergewöhnlichem Reiz.

Auf dem Berg, an dem schon Mitte des 16. Jahrhunderts Wein angebaut worden war und der ursprünglich Tempelhofer Berg genannt wurde, mögen die Berliner im August 1813 gestanden und ängstlich nach Großbeeren geschaut haben, wo die Rauchschwaden der Kanonen über dem Schlachtfeld lagen. Sieg oder Niederlage? Es wurde ein Sieg; Karl Friedrich Schinkel entwarf zur Erinnerung an die Befreiungskriege ein Nationaldenkmal mit einem Hochkreuz in gotisierendem Stil, das auf dem Gipfel des Tempelhofer Berges aufgestellt wurde. Ab dann hieß der Berg Kreuzberg.

Das Denkmal wurde 1878 mit großem Aufwand hydraulisch um 8 m erhöht und mit einem Terrassensockel versehen. Erst zehn Jahre später wurde der Berg als Parkanlage nach den Entwürfen des Stadtgartendirektors Hermann Mächtig umgestaltet und nach der Kronprinzessin Viktoria benannt. Neben regelmäßigen Partien wurden der künstliche Wasserfall und die Wolfsschlucht mit ihren jeweiligen gebirgsähnlichen Besonderheiten zu den bestimmenden Parkelementen. Der große Wasserfall, axial auf die Großbeerenstraße ausgerichtet, ist dem Zackenfall im Riesengebirge nachgebildet und verleiht der ganzen Anlage einen romantischen Charakter. Hervorzuheben ist die geschickte Einbeziehung alter Bäume und die sorgfältige Neupflanzung von Gehölzgruppen unter Freihaltung der wertvollen Blickachsen in die Stadt. Zwischen 1913 und 1916 konnte der Park nach Westen wesentlich erweitert werden. Während die Erstanlage auf kleinstem Raum eine Vielzahl verschiedener Landschaftsbilder vorsah und insbesonders durch

Viktoria-Park, Künstlicher Wasserlauf in der romantischen Wolfsschlucht

Riehmers Hofgarten, Beschauliche Idylle mitten in Kreuzberg

die betonte Ausrichtung auf das Nationaldenkmal der Erweckung patriotischer Gefühle diente, schuf der damalige Stadtgartendirektor Albert Brodersen durch großzügige Linienführung und Freihalten disponibler Grünflächen eine Erholungsanlage für die Bevölkerung des inzwischen dichtbesiedelten Stadtteils.

In den letzten Jahren wurden Instandsetzungsarbeiten am Denkmal und der benachbarten Wolfsschlucht vorgenommen. Diese Parkpartie vermittelt heute wieder einen Eindruck von der romantischen Naturauffassung Mächtigs. Der freigelegte kleine Schluchtsee mit den vom Berg herabströmenden Wasserfällen und Quellbereichen bildet im Verbund mit den malerisch gestalteten Natursteinpartien und der entsprechenden Vegetation ein beeindruckendes Bild. Auch wenn weitere gartendenkmalpflegerische Arbeiten wünschenswert sind, so vermittelt der Park doch immer noch - oder schon wieder - einen etwas altmodischen, charmanten, wilhelminischen Zauber.

Vom Viktoria-Park aus lohnt ein kleiner Abstecher entlang der Großbeerenstraße zu einer großbürgerlichen Wohnanlage des ausgehenden 19. Jahrhunderts: **Riehmers Hofgarten**. Zwischen 1881 und 1892 vom Bauunternehmer Wilhelm Riehmer erbaut, ist der im neobarocken Stil gestaltete Wohnkomplex zwischen York- und Hagelbergerstraße ein einmaliges Bau- und Gartendenkmal. Der gärtnerisch gestaltete Innenbereich konnte von Riehmer nur mit eiserner Beharrlichkeit gegen die damalige Bauverwaltung durchgesetzt werden und er ist jetzt dank der Gartendenkmalpflege wiederhergestellt. Dabei ist ein hohes Maß an Authentizität in der Bepflanzung, aber auch bei Mauern, Zäunen und Pergolen errreicht worden.

TIPP *Der Kreuzberg beheimatet nicht nur den Viktoria-Park und das berühmte Schinkeldenkmal, sondern auch Berlins größten Biergarten, das* **Golgatha**, *gelegen am Parkzugang Dudenstraße. Mehrere Kreuzberger Studentengenerationen haben hier in den bekannt langen Nächten einen erheblichen Teil ihres Bafög durchgebracht.*

CECILIENGÄRTEN

Das Quartier „Ceciliengärten" zwischen Rubens- und Haupt-
straße in Schöneberg ist mit seinen Gartenanlagen ein hervorragen-
des Beispiel eines ästhetisch wie auch funktional gelungenen
Versuches, Gartenstadtideen im innerstädtischen Bereich zu
verwirklichen.

Zugang	Die Ceciliengärten liegen zwar nicht unzugänglich, aber recht versteckt im Fridenauer Straßengewirr. Im Bereich zwischen Rubens- und Hauptstraße gelegen bietet sich ein nördlicher Zugang von der Traegerstraße (Teilstück zwischen Rubens- und Hauptstraße). Der südliche Zugang befindet sich an der Ecke Semperstraße - Baumeisterstraße, direkt am S-Bahnhof Friedenau
🚌	U 4, S 4, 45, 46 Innsbrucker Platz
	Bus 187 Ceciliengärten, Bus 148 Innsbrucker Platz
	Bus 185 Innsbrucker Platz, nur während der Ladenöffnungszeiten

*A*uf Grundlage eines von Stadtbauinspektor Paul Wolff 1912 auf-
gestellten Bebauungsplanes wurde das ruhige Wohnviertel mit
seinen Gartenhöfen so konzipiert, dass im Mittelpunkt eine großzügige
zusammenhängende Grünanlage entstand, die den „ausgesprochenen
Park- und Gartencharakter" der Siedlung auch heute noch deutlich
unterstreicht.

Durch den Ersten Weltkrieg unterbrochen, wurde die Anlage unter
der Leitung von Professor Lassen schließlich in den Jahren 1924 bis
1926 in etwas vereinfachter Form endgültig ausgeführt.

Der angerartige, trapezförmig erweiterte „Zentralpark" gliedert sich
in drei Bereiche:

Zentrale Grünanlage mit einer Plastik von Georg Kolbe

In einen von einer niedrigen Hecke gesäumten Spielplatz - der heute durch die vielen bunten Aufbauten als ein gewisser Stilbruch wirkt, einen Promenadenplatz mit einem ovalen Wasserbecken, das von Laubengängen aus Hainbuche gerahmt wird und das große, zwischen beiden Bereichen liegende Rasenparterre mit seinem umlaufenden Blumenband aus Rosen.

Zusammen mit den zeitgenössischen Wohnhäusern im Stil des Art Deco, dem Fuchs-Brunnen und den anderen figürlichen Darstellungen vermitteln die Ceciliengärten einen reizvollen Gesamteindruck der progressiven Formgebung des frühen 20. Jahrhunderts. 🌿

RUDOLPH-WILDE-PARK

Die bezirksübergreifende Parkanlage vereinigt gute Ideen aus mehreren Entwürfen. Es gelang ausgezeichnet, das Praktische mit dem Ideal zu verbinden: Kleinkindern bietet der Park Spielraum, Parkliebhabern Erholung und Abwechslung zum Großstadttrubel.

Zugang   Der Rudolph-Wilde-Park erstreckt sich zwischen der Freiherr-vom-Stein-Straße und der Fritz-Elsas-Straße. Im Westen stößt er an die Kufsteiner Straße, im Osten an die Innsbrucker Straße

🚌   Innsbrucker Straße

U 4 Innsbrucker Platz

Bus 104, 146 und 185 nur während der Ladenöffnungszeiten

*E*iner der größten innerstädtischen Grünzüge Berlins führt vom Schöneberger Rudolph-Wilde-Park über den Volkspark Wilmersdorf, über das aus Trümmerschüttungen entstandene Sport- und Freibadgelände an der Forckenbeckstraße, über den Flinsberger Platz, das Sportgelände Hubertusplatz bis hin zu der Kette der kleinen Grunewaldseen. Zwar trennen Straßenzüge diesen natur-räumlichen Zusammenhang, aber die Landschaftsgeschichte einer eiszeitlichen Rinne ist immer noch deutlich abzulesen. Schon 1904 einigte man sich deshalb, über Bezirksgrenzen hinweg, hier eine zusammenhängende Grünplanung vorzunehmen.

Für den Schöneberger Teil - den jetzigen Rudolph-Wilde-Park - wurde 1906 ein Wettbewerb ausgeschrieben, der einen „Stadtpark im Charakter einer natürlichen Landschaft" mit Teichen, Promenaden und Spielplätzen für Kleinkinder vorsah. Der U-Bahnhof Rathaus Schöneberg sollte mit einbezogen werden.

Die endgültige Anlage vereinigt sehr gelungen mehrere Gedanken aus verschiedenen Entwürfen. Im Osten, an der Martin-Luther-Straße, empfängt der Park nach einer kleinen Eröffnung durch aufgereihte Sandsteinvasen, den Besucher durch eine tiefergelegene Spielwiese, die von halbrunden Terrassen umfaßt wird. In einem Wasserbecken, inmitten einer Fontäne steht eine hohe Säule, die einen goldenen Hirsch trägt (1912 von August Gaul), Wappentier von Schöneberg. Außerordentlich reizvoll ist die barock anmutende U-Bahnhof Architektur, die von Ferne an eine Orangerie erinnert. Sie teilt den Park auf sehr attraktive Weise. Auf der westlichen Seite schließt sich der Landschaftspark an, eine grüne Mulde inmitten der Stadt, mit einem Teich, alten Bäumen und sanft geschwungenen Liegewiesen.

1965 wurde die ganze Anlage durch den Flächennutzungsplan als Parkanlage rechtlich gesichert. Der Stadt Berlin ist damit ein „Atemzug" zu Zeiten hektischen Landausverkaufs erhalten geblieben, der nicht nur eine soziale Funktion hat, sondern der darüber hinaus durch seine städtebaulichen Schönheit eine erquickende Wirkung ausübt. 🍃

Am „Hirschbrunnen" im Rudolph-Wilde-Park

VIKTORIA-LUISE-PLATZ

Hier findet man eine stadtgestalterische „Spezialgattung" Berlins: den Schmuckplatz. Er liegt mitten im Trubel des Bayerischen Viertels.

Zugang Der Viktoria-Luise-Platz liegt genau am gleichnamigen U-Bahnhof.
Mehrere Straßen führen auf ihn zu: die Welserstraße,
die Motzstraße, die Winterfeldstraße und die Regensburger Straße.

U 4 Viktoria-Luise-Platz
Bus 146, 204 und 185 nur während der Ladenöffnungszeiten
Haltestelle Hohenstaufenstraße

*E*ine stadtgestalterische Spezialität in Berlin sind die Schmuckplätze. Sie wurden in der Phase der explosionsartig ansteigenden Bautätigkeit in der zweiten Hälfte des 19.Jahrhunderts in großer Zahl angelegt; aber auch Lenné schuf schon in den 40er Jahren Anlagen im englischen Stil, von denen leider keine mehr erhalten ist. Diese Plätze sollten durch ihren dekorativen Charakter - „eine gärtnerische Anlage mit vornehmer Haltung" - den Wohnwert des Stadtteils erhöhen und gleichzeitig der Bevölkerung als Ruhepunkte dienen. Sie wurden oft von den Terraingesellschaften des neu zu überplanenden Geländes ausgelobt und auf eigene Kosten angelegt.

Ein sehr schönes Beispiel ist der 1979 denkmalgerecht wiederhergestellte Viktoria-Luise-Platz. Er geht auf einen Entwurf von Fritz Encke zurück, der den 1898 ausgeschriebenen Wettbewerb der Berlinischen Bodengesellschaft gewann. Encke gehört zu den herausragenden Vertretern der Reformbestrebungen in der Gartenkunst nach der Jahrhundertwende.

Fast wie ein Schmuckstück wird der längliche, sechseckige Platz durch eine doppelreihige Lindenallee gefaßt - die strahlenförmig auf

Viktoria-Luise-Platz mit der zentralen Fontäne

den Platz mündenden sechs Straßen sind als Wege in der Anlage fortgeführt, wobei der Brunnen in der Mitte als optischer Zielpunkt dient. Zwischen den Wegen liegen kleine Rasensegmente, von niedrigen Buchsbaumhecken gefaßt, an den Eckpunkten und im Kreis strukturieren Säulentaxus und Formschnittgehölze die geometrische Anlage. Die Längsachse ist zwischen zwei monumental wirkende, zum Platzinnern orientierte halbrunde Sitzplätze - eine antikisierende Kolonnade und eine Bank - eingespannt.

Die hohe gestalterische Qualität macht den Viktoria-Luise-Platz zu einem Kleinod, das inmitten des Häusermeeres des Bayerischen Viertels für die Bewohner ein liebgewonnener Identifikationspunkt geworden ist.

TIPP *Die* **Winterfeldstraße** *entwickelte sich in den siebziger Jahren zu einer der beliebtesten Einkaufs- und Ausgehstraßen der Schöneberger Jungbürger. Auch heute noch findet sich hier und in den angrenzenden Straßen eine Vielzahl von Kneipen und Cafés.*

GARTEN HARTENECK

Die fast monumentale Villa - antiken italienischen Vorbildern
nachempfunden - gehört mit ihrer Gartenanlage zu den
wenigen erhaltenen Beispielen der unter Bismarck gegründeten Villen-Kolonie Grunewald. Von dem bedeutenden
Architekten Adolf Wollenberg 1911/12 entworfen, bilden
Haus und Garten ein Denkmal von nicht zu unterschätzen
der Bedeutung.

Zugang   Douglasstraße 7-9, Wilmersdorf

🚌   Bus 119 Hagenplatz,
     Bus 186 und 219 S Grunewald

*D*er Garten gliederte sich ursprünglich in drei Bereiche: einen
Küchengarten mit Gewächshäusern, einen Landschafts- garten
und einen architektonisch gestalteten Parterre-bereich. Den Nutzgarten
gibt es nicht mehr.

Entsprechend der Ausrichtung der Zimmer hat Wollenberg auch die
Gartenräume zugeordnet. Vor der Südfassade mit den Hauptgesell-
schaftsräumen liegt ein symmetrisch gegliedertes Rasenparterre, von
Rosenbeeten gefaßt, mit einem im Zentrum liegenden ovalen
Fontänenbecken, das - eingespannt zwischen der halbkreisförmigen
Terrasse und einer an das Nachbargrundstück grenzenden Pergola - eine
adäquate Entsprechung zur Hausfassade bildet.

Der ganze Charakter dieses Gartens zeigt den Einfluß klassischer
italienischer Gärten. Der sich an den Parterrebereich anschließende,
erheblich tiefergelegene Gartenteil mit seinen geschwungenen Wegen
und üblichen Ausstattungselementen wie Teehaus und Bank, weist noch
die Formen des Landschaftsgartens auf. Er leitet thematisch über in den
Grunewald.

Unter fachlicher Betreuung der Gartendenkmalpflege wurde Anfang der 80er Jahre die Wiederherstellung des Gartens betrieben - er ist jetzt öffentlich zugänglich und vermittelt eindrucksvoll den Lebensstil des reichen Berlins der Jahre vor dem Ersten Weltkrieg.

TIPP *Der Ortsteil Grunewald des Bezirkes Wilmersdorf gehört sicher zu den schönen und vornehmen Gegenden der Stadt. Ein Spaziergang zeigt noch manch andere gepflegte alte Villen und Gärten.*

Formales Rasenparterre vor der Villa Harteneck

SAVIGNYPLATZ

Rund um die S-Bahn Station Savignyplatz findet man vier garten-historische Kostbarkeiten, die in sich eine gestalterische Entwicklung von dem ausgehenden 19. Jahrhundert bis zu den dreißiger Jahren dokumentieren: Savignyplatz, Gartenhof Mommsenstraße (Nr. 13), Stadtgärten Fasanenstraße (Nr. 14), Delphi-Terrassen (Nr. 15). Der Savignyplatz verbindet Ästhetik mit Nützlichkeit auf beispielhafte Art.

Zugang   Kaum ein Gartendenkmal in Berlin liegt so verkehrsgünstig wie der Savignyplatz. Nicht nur die Kantstraße führt über ihn hinweg, auch diverse kleinere Straßen laufen strahlenförmig auf ihn zu. Wobei der Platz die Grolmann- und die Knesebeckstraße in zwei Abschnitte teilt im Gegensatz zur Kantstraße, die den Platz zerschneidet

S 3, 5, 7, 75, 9 Savignyplatz, Bus 149

*D*er Savignyplatz, benannt nach dem Minister und Juristen Friedrich Carl von Savigny (1779-1861), wurde auf der Grundlage noch älterer Pläne Ende des 19. Jahrhunderts als Rasenschmuckplatz angelegt, wobei die Durchquerung der Kantstraße den Blockplatz traditionell in zwei spiegelbildliche Hälften teilt.

Der Stadtgartendirektor Erwin Barth gestaltete 1926 die Platzanlage entsprechend der sich gewandelten Zielvorstellungen zu einem Erholungsort, wo sich Schönheit mit Freizeitangeboten harmonisch verbinden sollte.

Durch eine gleichmäßige, höhenabgestufte Bepflanzung mit Flieder auf beiden Platzhälften erzielte Barth eine beeindruckende räumliche Situation, die die optische Trennung durch die Kantstraße weitgehend aufhob. Die Anlage von Staudenrabatten und Spalieren - als raumbildende und verbindende Elemente - sollte darüber hinaus den

Großstadtbewohnern die Atmosphäre eines „Hausgartens" vermitteln. Barths Nachfolger in Charlottenburg, Buch, führte die Arbeiten fort, u.a. wurde 1928 die Plastik „Knabe mit Ziege" von Prof. August Kraus in der Sichtachse der Knesebeckstraße aufgestellt.

Aus Anlaß der umfangreichen gartendenkmalpflegerischen Aktivitäten des Senates zur 750-Jahr Feier der Stadt Berlin wurde der im Krieg stark zerstörte Platz 1985/6 umfassend restauriert. Die reizende Anlage ist damit ein weiteres Beispiel für die gelungene Wiederherstellung eines Stadtplatzes in Berlin, der nach weitgehend originalgetreuer Rekonstruktion nicht nur ein Kulturdenkmal darstellt, sondern zugleich den heutigen Nutzungsansprüchen gerecht wird.

TIPP *Die S-Bahnbögen unter den in den Innenstadtbezirken als Hochbahnkonstrukion ausgeführten Strecken bieten seit ihrer Errichtung den unterschiedlichsten Gewerben originelle Räumlichkeiten. In den S-Bahnbögen zwischen Savignyplatz und Bleibtreustraße, inoffiziell Else-Ury-Bogen genannt, haben sich hauptsächlich Kneipen und Restaurants etabliert. Über Berlin hinaus bekannt ist die* **Sushi-Bar** *mit ihren an den Gästen vorbeifahrenden Schiffchen, von denen man sich bedienen kann. Aber auch wer nicht unbedingt für rohen Fisch schwärmt, findet unter den benachbarten Spezialitätenrestaurants sicher eines mit der Küche seiner Wahl.*

Das **Florian** *in der Grolmannstraße 52, auf der den S-Bahnbögen gegenüberliegenden Seite des Platzes, ist längst eine feste Größe in der Gastroszene am Savignyplatz, besonders bei Nachtschwärmern. Öffnungszeiten (und Küchenzeiten!) täglich von 18 bis 3 Uhr.*

Unter dem S-Bahnbogen am Savignyplatz finden Kunst-, Architektur-, Denkmal- und Gartendenkmalinteressierte eine gutsortierte Fachbuchhandlung: **Bücherbogen**.

Folgende Seiten: Savignyplatz, Einladung zum Verweilen, Treillage mit Bank

GARTENHOF
MOMMSENSTRASSE

Rund um die S-Bahn Station Savignyplatz findet man vier garten-
historische Kostbarkeiten, die in sich eine gestalterische
Entwicklung vom ausgehenden 19. Jahrhundert bis zu den dreißi-
ger Jahren dokumentieren: Savignyplatz (Nr. 12), Gartenhof
Mommsenstraße, Stadtgärten Fasanenstraße (Nr. 14), Delphi-
Terrassen (Nr. 15). Hinter einem schmiedeeisernen Portal
versteckt liegt der liebevoll gestaltete grüne Gartenhof
Mommsenstrasse. Mit südlichem Flair zeugt er von der feinen
Wohnkultur Berlins Bürgertum vor dem I. Weltkrieg.

Zugang Geht man die Knesebeckstraße unter der S-Bahn hindurch, kommt
man zur Mommsenstraße. Gleich am Anfang befindet sich der
Gartenhof Mommsenstraße 6, den man durch das schöne große
transparente schmiedeeiserne Portal von der Straße aus sehen kann -
ganz mutige Besucher verschaffen sich Zugang durch Klingeln an
einer der Wohnungen

🚌 S 3, 5, 7, 75, 9 Charlottenburg
Bus 109 und 210

*D*er Gestalter dieser Anlage war der Architekt Albert Geßner, der
im Zusammenhang mit der Bebauung des Blockes Mommsen-
straße/Niebuhrstraße und in kollegialer Korrespondenz zur Bebauung
Mommsenstraße/Bleibtreustaße des Architekten Otto Harnisch den
Gedanken eines geräumigen grünen Innenhofes als Kompensation zum
Geschosswohnungsbau an dessen Rand aufs Schönste verwirklichte.

Den Gartenhof Mommsenstr. 6 hat Geßner 1903/04 mit besonderer
Liebe gestaltet. Nicht nur, dass er den beiden ersten Geschossen mittels
Holzspalieren ein südliches Flair verlieh, sondern, kontrastierend zum
Grün des Rasens, eine rote oktogonale Hoffliese legte. Mittelpunkt des

Liebevolle Hofgestaltung in der Mommsenstraße 6

Gartens ist ein Abguss der Venus von Medici, die als Brunnenfigur das Wasser „beschützt". In Wellen als feines Rasenrelief ausmodelliert rollt es dem Betrachter förmlich entgegen. Zusätzlich hat Geßner die hölzernen Pflanzkübel in liebevollem Jugendstildekor ausgeführt, die als Gelenke zwischen den Zaunelementen, bzw. auf Postamenten aufgestellt und mit Buchsbaumkugeln und -kegeln bepflanzt, dem Gartenhof ein unverwechselbares Aussehen verleihen. 🌿

STADTGÄRTEN FASANENSTRASSE

Rund um die S-Bahn Station Savignyplatz findet man vier gartenhistorische Kostbarkeiten, die in sich eine gestalterische Entwicklung von dem ausgehenden 19. Jahrhundert bis zu den dreißiger Jahren dokumentieren: Savignyplatz (Nr. 12), Gartenhof Mommsenstraße (Nr. 13), Stadtgärten Fasanenstraße, Delphi- Terrassen (Nr. 15). Die Häuser Nr. 23, 24 und 25 in der Fasanenstraße bilden gelungene Lösungen, im Herzen der Millionenstadt eine Anlehnung an die traditionelle Wohnweise des Einfamilienhauses mit Garten zu erschaffen.

Zugang   Über den Kurfürstendamm gelangt man zur Fasanenstraße

🚌   Bus 249 Lietzenburger Straße/ Uhlandstraße

Die Häuser Nr. 23, 24 und 25 mit ihren wiederhergestellten Stadtgärten stellen einen letzten Rest innerstädtischer Wohnkultur des ausgehenden 19. Jahrhunderts dar. Sowohl das 1891 von Hans Grisebach für sich und seine Familie errichtete Wohnhaus Fasanenstr. 25 mit seinem Garten, als auch das auf dem Nachbargrundstück Fasanenstr. 24 von dem Architekten Martens 1871 errichtete Haus und Gartenensemble sowie Nr. 23, heute das sogenannte Literaturhaus, mit seiner großen Blutbuche, bilden gelungene Lösungen, im innerstädtischen Bereich eine größtmögliche Anlehnung an die traditionelle Wohnweise des Einfamilienhauses samt Garten vor den Toren der Stadt zu erreichen.

Das Haus Fasanenstrasse 24 steht im Gegensatz zur Villa Grisebach und dem Literaturhaus noch ganz in der spätklassizistischen Bautradition und hebt sich entsprechend deutlich ab. Es war das erste Haus an der damals noch unregulierten Straße.

Im Garten des Käthe-Kollwitz-Museums, Fasanenstraße 24

Im Cafégarten des Literaturhauses, Fasanenstraße 23

Ganz wesentlich zum Charme und der einzigartigen Aufenthaltsqualität der Fasanenstraße im Bereich dieser drei Häuser tragen die in den 80iger Jahren wiederhergestellten Hausgärten bei. Alle drei Gärten sind miteinander verbunden und öffentlich zugänglich. Alle drei Anlagen verkörpern den Typus des für das 19. Jahrhundert im Berlin-Potsdamer Raum weit verbreiteten landschaftlichen Villengartens, der erst später durch den von Muthesius geprägten, geometrisch geordneten Landhausgarten abgelöst wurde.

> **TIPP** *Der* **Garten des Literaturhauses** *ist der wohl beliebteste Kaffeegarten der westlichen Innenstadt. Hier kann sich, wer mag, bis nachts unter den mächtigen alten Bäumen vom Kulturangebot der Hauptstadt erholen.*

DELPHI-TERRASSEN

Rund um die S-Bahn Station Savignyplatz findet man vier gartenhistorische Kostbarkeiten, die in sich eine gestalterische Entwicklung von dem ausgehenden 19. Jahrhundert bis zu den dreißiger Jahren dokumentieren: Savignyplatz (Nr. 12), Gartenhof Mommsenstraße (Nr. 13), Stadtgärten Fasanenstraße (Nr. 14), Delphi-Terrassen. Die Geschichte der Delphi-Terrassen begann mit dem Bau des Theaters des Westens. In den 30er Jahren war hier das Mekka der Jazz- und Swingliebhaber, aber nach diesem Höhepunkt widerfuhr dem Garten der totale Verfall. Anfang der 90er begann man nach gründlichen Recherchen mit einer tiefgreifenden Restaurierung.

🚌 S 3, 5, 7, 75, 9 Zoologischer Garten
U 9, 2, Bus 149 Zoologischer Garten
oder Uhlandstraße/ Kantstraße.

*G*eht man die Fasanenstrasse in nördlicher Richtung unter der S-Bahn hindurch, gelangt man Ecke Kantstrasse zu den Delphi-Terrassen bzw. zum Theater des Westens. Dieser Ort hat eine aufregende Geschichte, deren Kenntnis den Reiz des Sichtbaren wesentlich erhöht:

Schon mit dem Bau des Theaters im Jahre 1896 entstand auch ein Konzertgarten, der damals die doppelte Größe der jetzigen Anlage umfasste. Ein Teil war eher im landschaftlichen Stil gehalten, während der südlich des Theaters gelegene einem italienischen Villengarten mit klassischen Elementen nachempfunden war. Mit dem Bau des Delphi-Palastes 1927/28 wurde der Garten umgestaltet, aber vorbildhaft blieb der mediterrane Terrassengarten. Die reiche Ausstattung war gekennzeichnet durch klassische Motive, wie Sphingen, flankierend zu den Eingängen bzw. Gebäudetreppen, sozusagen als Wächter des

Delphi-Terrassen am Theater des Westens

„Musentempels". Es gab kunststeinerne Lichtsäulen mit stilisierten ver-
goldeten Flammen sowie Glühbirnenkränzen. Die fast überladen-präch-
tige Ausstattung des Gartens paßte zu dem üppigen Interieur des
damaligen Delphi-Palastes. Am 1. Mai 1928 war die feierliche Eröffnung
und das Delphi wurde als „Pracht-Etablissement" mit seiner dekorativen
Ausstattung wie ein Märchen aus „1000 und einer Nacht" gefeiert. In
den dreißiger Jahren war hier das Mekka aller Jazz- und Swing-Freunde
- auch der Garten wurde intensiv für Jazz-Konzerte genutzt.

Von 1943, als das Delphi geschlossen wurde, bis zu seiner
Wiederbelebung Anfang der 90er Jahre, verkam der Garten auf
erschreckende Weise. Wesentliche Teile der Ausstattung wurden zerstört, entfernt oder vergraben. Noch in den 80er Jahren verlor die
Anlage weitere Elemente, wie Treppenwangen, Mauerteile und Putten.

Danach erst begann eine auf gründliche Recherchen gestützte
Restaurierung bzw. Rekonstruktion. Mit Hilfe von Nachgüssen erhalte-
ner Kunststeinteile, der Wiederbeschaffung ausgelagerter
Originalsäulen und dem Aufbau restaurierter Putten, Säulen und Vasen
ist die verloren gegangene Ausstattung wieder sichtbar. Die
Bepflanzung wurde nach der ursprünglichen Konzeption mit
Formgehölzen und Linden ergänzt, nach Wiederherstellung der
Kaisertreppe werden die sie flankierenden Säulenkoniferen das Flair
eines italienischen Terrassengartens aufs Neue entstehen lassen.

TIPP *Die Delphi-Terrassen bieten heute wieder eine kleine Freiluft-
Gastronomie. Besucher des Delphi-Kinos - denn in den Räumen des
Delphipalastes befindet sich ein Kino ("Lichtspiele" nannte es sich
früher; auch so ein von der Zeit verwehtes Wort...) - trinken hier vor und
nach den Vorstellungen ihr Bier.*

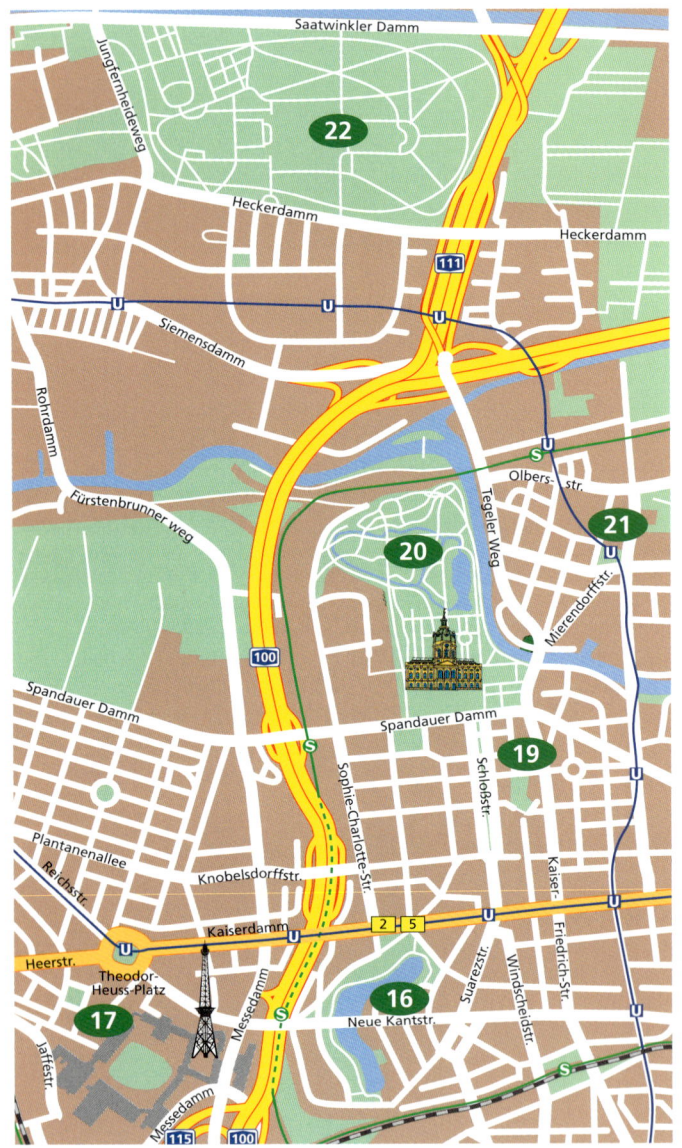

LIETZENSEEPARK

Der schöne Park, der trotz hoher Gartenkunst Noten der ursprünglichen Landschaft aufweist, ist ein beliebtes Ausflugsziel vieler Berliner. Der See in seiner Mitte ist eine natürliche Rinne.

🚌 S 4, 45, 46 Witzleben, S 3, 5, 7, 75, 9
Bus 139,149 Witzleben oder Kuno-Fischer Straße
Bus 210 Amtsgerichtsplatz (mit Fußweg)

*L*ietzen wurden die kleinen, schwarzen Bläßhühner genannt, die mit ihrer hübschen weißen Zeichnung am Kopf in großer Zahl auf dem See herumschwimmen. Der See selbst ist eine natürliche Rinne, die ihren Ursprung in einer Endmoränenlandschaft hat. Daher liegt der Lietzenseepark tiefer als das umliegende Charlottenburg und verleiht der Anlage ihren besonderen Reiz.

Noch bis Mitte des 19. Jahrhunderts war rundherum Ackerland und Wald, nur allmählich entstanden Landhäuser und Gartenanlagen. Mit Hilfe des 1907 erlassenen „Gesetzes gegen Verunstaltung von Ortschaften und landschaftlich hervorragenden Gegenden" wurde eine weitere Privatisierung und Bebauung verhindert und 1912 eine Parkplanung durch Erwin Barth, Stadtgartendirektor, erfolgreich vorgenommen.

Schon der Bau der Straße - der jetzigen Neuen Kantstraße - über den See und das dazugehörige Brückenbauwerk aus rotem Sandstein waren erste dekorative Gestaltungselemente, später kamen der Eingangsbereich am Dernburgplatz mit der Kaskade und der Kuno-Fischer-Platz mit seinen Terrassen hinzu.

Der tiefliegende See, der sehr alte Baumbestand, die vielen Rosenrabatten, Treppen, die rekonstruierten Parktore und Laternen

Staudengarten im Lietzensee-Park

schaffen heute wieder eine wunderbare Einheit zwischen ursprünglicher Landschaft und großer Gartenkunst.

Das „Parkhaus", 1924 von Wilhelm Walter im Stil der damaligen Zeit erbaut und denkmalgerecht gepflegt, ist jetzt eine kleine Gaststätte, die sich harmonisch in die Parkanlage einfügt.

TIPP *Der Lietzensee liegt zwar inmitten der Großstadt, doch gilt er vielen Berlinern als Ausflugsziel. Beliebter Aufenthalt ist dabei das* **Café am Lietzensee.**

Herrlicher Blick von der Lietzenbrücke über den Lietzensee

KAROLINGERPLATZ

Die Geschichte dieses Gartenschatzes begann mit der Zielsetzung, einen „hausgartenähnlichen" kleinen Park anzulegen. Das Ergebnis: ein überzeugendes Beispiel, Schönheit und Funktionalität miteinander zu verbinden.

Zugang   Der Karolingerplatz wird von der Frankenallee und der
              Pommernallee begrenzt. Auch die Alemannenallee stößt
              von der Heerstraße kommend auf den Platz

🚌   U 2, Bus 149, X 49, X 34 Theodor-Heuss Platz

*D*er Karolingerplatz stellt sowohl von seiner Bedeutung, aber auch seiner beeindruckenden Authentizität her einen der wertvollsten regelmäßigen Gartenplätze des beginnenden 20. Jahrhunderts dar. Die Fläche wurde im Zusammenhang mit der Bebauung des neuen Westends um 1905 schon als Grünfläche ausgewiesen, glücklicherweise ist der Karolingerplatz noch mit den Häusern dieser Zeit umgeben. Der damalige Charlottenburger Gartenbaudirektor Erwin Barth schuf 1912-13 den regelmäßig angeordneten „hausgartenähnlichen" kleinen Park. Ein wichtiger Grundsatz dieser modernen, nutzungsorientierten Gartenplätze war die Verbindung von Schönheit und Funktionalität; der Karolinger Platz stellt in dieser Beziehung ein vollkommen gelungenes Beispiel dar.

Zu den wesentlichen Ausstattungsmerkmalen gehören ein regelmäßig gestalteter Gartenplatz mit einem Rosenbogengang und seitlichen intimen Sitzbereichen, die von Rhododendren geschützt und von Birken überwölbt sind. Besonders charakteristisch sind der große Kinderspielplatz, das nur leicht vertieft angelegte Rasenparterre und die Lampen von Heinrich Schwechten. Sehr viel Leichtigkeit gewinnt die Anlage auch durch die reproduzierten - vormals hölzernen, jetzt eisernen - weißen Scherenzäune. Die vielen Ruhebänke unterstreichen die

Staudenrabatten führen auf den Karolingerplatz

hohe Aufenthaltsqualität. Ein Besuch dieses kleinen Gartenschatzes ist während der Rosen- und Rhododendronblüte im Monat Juni ein besonderes Vergnügen. 🌿

BRIXPLATZ

Der Brixplatz ist fast ein Naturdenkmal heimischer Flora,
zugleich aber Gartenkultur pur, der darüber hinaus auch
ökologische Bedeutung hat.

Zugang   Der Brixplatz erstreckt sich zwischen Reichsstraße und Westendallee
🚌   Bus 104 Brixplatz, U 2 Neu-Westend

*A*uf der Suche nach diesem kleinen Stadtpark in Charlottenburg
erlebt man eine große Überraschung, wenn man schließlich von
der Reichsstraße in die Straße Brixplatz eingebogen ist: Eine tiefe märkische Kuhle tut sich auf - drei Teiche in der Tiefe, umgeben von Kiefern,
Eiben und Laubbäumen. Fast ein Naturdenkmal heimischer
Vegetationsbilder und geologischer Formationen der Mark Brandenburg
inmitten von Geschoßwohnungs-bau. Fast 14 Meter beträgt der
Höhenunterschied zwischen Straßenniveau und Parksohle.

Diese ehemalige Kiesgrube auf dem Gelände des vormaligen nordöstlichen Endes des Grunewalds wurde im Rahmen der Erschließung
durch die Neu-Westend-Aktiengesellschaft nicht wie geplant zugeschüttet, sondern zwischen 1919 und 1921 durch den Charlottenburger
Stadtgartendirektor Erwin Barth als eine Art Naturschulgarten angelegt,
um beim Besucher „das Interesse und die Liebe für die Vielfalt und die
natürliche Schönheit der Mark zu wecken".

Drei künstliche Teiche, die vier eckbetonenden, architektonisch im
Stil der 20er Jahre gestalteten Elemente - Botanischer Schulgarten,
Pergola, Kinderspielplatz und Pavillon mit Brunnenanlage - geben dem
Brixplatz seinen eigenen reizvollen Charakter. Diese Grünanlage ist in
ihrer Art für Berlin einmalig und stellt eine gartenkünstlerische Besonderheit dar, die darüber hinaus auch in ihrer ökologischen Bedeutung
nicht zu unterschätzen ist. 🌿

Aussichtspavillon auf dem Brixplatz

SCHUSTEHRUSPARK

Dieser kleine Park im dichtbesiedelten Charlottenburg ist eine etwas verwunschene Oase, die Rückzugsmöglichkeiten und Ruhe für die Bewohner der Viertels bietet. Zugleich ist die Anlage durch die gartendenkmalpflegerischen Maßnahmen wieder zu einem höchst dekorativen Beispiel der Gestaltungskunst der ersten Jahrzehnte des 20. Jahrhunderts geworden.

Zugang   Der Schustehruspark liegt etwas verborgen,
doch nur wenige Schritte von der Schloßstraße
entfernt zwischen Schustehrus- und
Seelingstraße

Bus 109 Haubachstraße, Bus 210 Seelinger Straße
Bus 145 Schloss Charlottenburg

*B*is 1806 war an dieser Stelle noch ein königlicher Nutzgarten, bevor das Grundstück in Privatbesitz überging. Die Stadt kaufte hier 1911 dem Bankier Oppenheim nicht nur dessen Villengarten ab, sondern erwarb zusätzlich weitere Grundstücke, um einen öffentlichen Park zu schaffen. Der berühmte Erwin Barth (1880-1933), damals Stadtgartendirektor von Charlottenburg, gestaltete diese Grünanlage. Sie hat die gleichen überzeugenden Qualitäten in Bezug auf Nutzungsmöglichkeiten und ästhetischen Anspruch wie seine zahlreichen anderen Kreationen: Savignyplatz, Karolinger- und Brixplatz, Lietzenseepark und Volkspark Jungfernheide - um nur einige zu nennen.

Der Schustehruspark mit seinem alten Baumbestand, der formalen Wegeführung, den Platzausgestaltungen, Pergolen, Sitzplätzen, Laternen und dem zahlreichen skulpturalen Schmuck ist ein unspektakuläres, aber feines Beispiel eines innerstädtischen Gartendenkmals, das noch heute die Funktionen erfüllt, die dem Park 1912 von Erwin Barth zugedacht wurden.

Blick in den Schustehruspark

TIPP *In der Schloßstraße 22, vom Schustehruspark aus in wenigen Minuten zu erreichen, liegt das* **Gasthaus Zur Weißen Kastanie.** *Wie das Lokal eigentlich von innen aussieht, weiß niemand so recht, denn hier machen die Besucher auf dem Weg von den U-Bahn zum Schloss Charlottenburg nur bei schönem Wetter Rast um sich im Schatten der riesigen Kastanie vor dem Haus zu laben.*

SCHLOSSPARK CHARLOTTENBURG

Die Schlossanlage Charlottenburg ist das bedeutendste Zeugnis des Barock in Berlin und sein Garten einer der ältesten Anlagen der Stadt. Auch wenn nicht viel von der ursprünglichen Gestaltung erhalten geblieben ist - erst wurde der Barockgarten durch den Landschaftspark verdrängt, dann wurde dieser entstellt - so ist durch die vorbildliche Arbeit der Gartendenkmalpflege der Gesamteindruck wieder deutlich spürbar geworden.

Schloßstraße 1, S Westend (mit Fußweg)
Bus 109 Luisenplatz/ Schloss Charlottenburg
210, 145, X9, X21 Schloss Charlottenburg

Kurfürst Friedrich III. machte im Jahre 1695 seiner Gemahlin Sophie Charlotte ein ganzes Dorf mit zugehörigen Ländereien zum Geschenk, damit dort ein Lustschlösschen für sie gebaut werden könne. Zuerst bestand dies nur aus dem jetzigen Mittelteil des pompösen Charlottenburger Schlosses, aber die Blickachsen und Sichtschneisen, welche man weit in die Landschaft hineinschlug um die Blickbeziehungen zum Stadtschloß, nach Tegel, Spandau und Niederschönhausen zu ermöglichen, waren von wahrhaft absolutistischem Ausmaß. Nicht viel ist davon erhalten geblieben, die Stadt Berlin hat sich mit Straßen und Gebäuden um den eigentlichen Schlosspark herum gerankt und das Bild von der Schlossterrasse über den Teich zum Obelisken ist nur ein ganz schwacher Abglanz vergangener „Bellevues".

Sophie Charlotte ließ bereits 1697 von dem Le Nótre-Schüler Godeau den Garten anlegen, den ersten französischen Barockgarten Deutschlands, der aufgrund dynastischer Beziehungen auch holländische Stilmerkmale verarbeitete. Diese räumliche Grundkonzeption des Parterrebereichs, der Heckenquartiere, der Hauptalleen und des

Broderieparterre mit Schmuckpflanzung und Kübelpflanzen

Karpfenteiches sind im wesentlichen erhalten geblieben, obwohl im späten 18. Jahrhundert Friedrich Wilhelm II. der damaligen Mode entsprechend den Park im landschaftlichen Stil nach Wörlitzer Vorbild umgestalten ließ. Nicht nur der Wörlitzer Gartenbaumeister Eyserbeck, sondern später auch Lenné haben grundlegende Veränderungen vorgenommen. Die Wasserläufe wurden umgeleitet - so entstand die Luiseninsel – das geometrische große Bassin wurde durch Schlängelung der Uferlinien „naturnah" gestaltet und große Rasen- und Wiesenpartien wechselten sich mit Heckenquartieren und Gehölzgruppen ab. Diese Struktur bestimmte weitgehend bis in die 40er Jahre des 20. Jahrhunderts das Bild des Schlossparks.

Nach den Verwüstungen des Zweiten Weltkrieges entschloss man sich, nicht nur den Landschaftsgarten wiederherzustellen, sondern auch den Lennéschen **Pleasureground** als Broderieparterre in französischen

Fontänenbecken im Zentrum des Broderieparterres

Formen zu rekonstruieren. 1962 wurde die Neueinteilung der Gartenfront mit der Anlage des oktogonalen Brunnenbeckens mit einer Fontäne in der Mitte zu Ende geführt. Auch vor der Schlossfront legte man ebenfalls wieder Blumenbroderien bzw. Rasenparterres an.

Aus Anlass des 200. Geburtstages von Peter Joseph Lenné 1989 konnte schließlich durch Freilegen eines nach dem Krieg zugeschütteten Grabens die **Luiseninsel** wiederhergestellt werden. Das alte Wegesystem wurde herausgearbeitet und der Skulpturenschmuck wieder aufgestellt. Im Zentrum der Anlage grüßt wieder eine Venus von Medici, die besonders schön von den Bänken aus zu bewundern ist, die vis-à-vis in einem Halbrund aufgestellt sind und zugleich einen besonders schönen Blick über die Tiefe der gesamten Insel ermöglichen. Zusätzlich wurde im Süden wieder eine Nachbildung des kapitolinischen Amor aufgestellt und auf der Nordspitze der Insel auf einem mehr heimlichen, dichtbepflanzten Gartenplatz eine Bronzebüste der Königin

Putten an der Treppe zum Karpfenteich

Luise selber. Zusammen mit Ihrem Gemahl König Friedrich Wilhelm III., Kaiser Wilhelm I. und dessen Gemahlin Augusta liegt sie in dem Mausoleum am Ende der Douglasien-Allee im Schlosspark begraben.

Gerade 1999 hat man begonnen, die seit über 100 Jahren verschütteten alten Spreezuflüsse zum zentral gelegenen **Karpfenteich** zu öffnen und damit nicht nur die Frischwasserzufuhr wieder nachdrücklich verbessert, sondern auch den Zusammenhang des wasserreichen Schlossgartens mit der Spree wiederhergestellt. Sophie Charlotte ist zu ihrer Zeit nämlich eher mit dem Boot von Berlin in ihr Lustschlösschen gefahren, statt sich auf staubiger Landstraße durchschütteln zu lassen. Heute kann man am Südufer der Spree entlang bis zum Landwehrkanal und dann durch den Tiergarten bis zum Ort des ehemaligen Berliner Stadtschlosses wandern. Allerdings lohnt auch ein Gang die Schloßstrasse hinunter, da hier zahlreiche Vorgärten in den 80er Jahren gartendenkmalpflegerisch wiederhergestellt worden sind.

TIPP *Für den Besuch des Schlossparks kann man getrost einen ganzen Tag einplanen. Denn allein die Besichtigung des Schlosses und seiner Nebengebäude nimmt schon mehr Zeit als genug in Anspruch. Und wenn dann noch der Besuch der gegenüberliegenden Museen auf dem Programm steht, wird es eng mit der Terminplanung.*

Über fast hundert Jahre hinweg wurde das Schloss immer weiter ausgebaut, bis es schließlich als glanzvollstes Beispiel barocker Baukunst des Hauses Hohenzollern galt.

Öffnungszeiten: Dienstag bis Freitag von 10 bis 18 Uhr, Sonnabend und Sonntag von 11 bis 18 Uhr. Besuchen Sie auch das Café in einem Teil der Orangerie.

Das **Bröhan-Museum**, *Schloßstraße 1a, in einer 1893 errichteten Infanteriekaserne untergebracht, ist ein Museum für Jugendstil und Art Déco. Die Sammlung wurde von Karl Bröhan zusammengetragen und der Stadt geschenkt.*
Öffnungszeiten: Dienstag bis Sonntag von 10 bis 18 Uhr.

Das **Ägyptische Museum**, *gegenüber dem Schloss in der Schloßstraße 70 bietet der wohl international berühmtesten Frau Berlins seit langem ein Zuhause. Nofretete „zog 1912 hier ein".*
Öffnungszeiten: Dienstag bis Freitag 10 bis 18 Uhr, Sonnabend und Sonntag 11 bis 18 Uhr.

Fast schon so bekannt wie das Schloss und der Schlossgarten ist das **Luisenbräu**, *gelegen in der Luisenstraße.*

Der Museumspädagogische Dienst Berlin bietet sehr schöne Gartenpläne zu vielen Berliner Gärten und Parks an:

Museumspädagogischer Dienst Berlin
Chausseestr. 123, 10115 Berlin
Telefon 030/28 39 73

Jungfernheide **U** **S**

Olbersstr.

Spree

Spree

Tegeler Weg

Herschelstr.

Brahestr.

Belvedere

20

Osnabrücker Str.

**Karpfen-
teich**

Mindener Str.

Teichgraben

Pulsstr.

Heubnerweg

Mausoleum

Schloßgarten

Sophie-Charlotte-Str.

Mollwitzstr.

Luisenplatz

Schloß Charlottenburg

Schinkelpavillon

Spandauer Damm

**Klausener-
platz**

S **Westend**

Gardes-Du-Corps-Str.

Nithackstr.

Kaiser-Friedrich-Str.

Sophie-Charlotte-Str.

Danckelmannstr.

Christstr.

Nehringstr.

Schloßstr.

Schustehrusstr.

19

*Schustehrus
park*

Seelingstr.

MIERENDORFFPLATZ

Der Übergang von der schmückenden Grünanlage der Jahrhundertwende hin zu einem funktionalen Erholungsplatz,
der den immer dringlicher werdenen Bedarf an Kinderspiel-
plätzen und ruhigen Aufenthaltsbereichen für Erwachsene
erfüllt, wird am Beispiel des Mierendorffplatzes sehr schön
dokumentiert.

U 7 Mierendorffplatz
Bus 340, 227, 126 Mierendorffplatz

*D*er damalige Charlottenburger Gartendirektor Erwin Barth
(1880-1933) formulierte seine Vorstellungen in klarer Weise:
„Wenn irgendwo eine reiche Ausstattung der Plätze mit verschwenderi-
scher Blumenfülle, mit Brunnen und dergl. angebracht ist, so ist es da,
wo Leute wohnen, die sich keine eigenen Gärten leisten können."

Die Gestaltung des Mierendorffplatzes 1912 - damals noch Gustav-
Adolf-Platz - umfasste daher einen großen Kinderspielplatz und einen
Blumengarten mit zahlreichen Ruheplätzen mit entsprechend wertvollen Holzbänken, die Barth ebenfalls selber entwarf. Im Zentrum der
ganzen Anlage befindet sich ein großes Wasserbassin mit einer Fontäne.

Nach einer wechselhaften Geschichte wurde mit Hilfe der
Gartendenkmalpflege das alte Erscheinungsbild des Parks wiederhergestellt. Auch die von Barth verwendeten Baumaterialien und
Ausstattungsstücke wie z.B. die wunderschönen Lampen, wurden nach-
geformt und auch die Bepflanzung bietet wieder die ehemalige „ver-
schwenderische Blumenfülle". Der Kinderspielplatz wird von
Rosenhochstämmen gerahmt und das ehemalige „Unterstandshaus" für
Mütter und Kinder - jetzt Revierstützpunkt für Gartenarbeiter - über-
schaut matronenhaft die ganze Anlage.

Von Erwin Barth entworfene Lampen am Mierendorffplatz

Zu den Besonderheiten des Mierendorffplatzes gehört bis heute die traditionell kastenförmig geschnittene Umrandung aus Platanen mit einer Unterpflanzung aus Fliederbüschen. Das grüne Rautenmuster des umlaufenden Zaunes verstärkt die malerische Wirkung dieser Schutzwand gegen den rundherum fließenden Autoverkehr.

VOLKSPARK JUNGFERNHEIDE UND SIEMENSSTADT

Der Park ist ein einzigartiges gartenkünstlerisches Zeugnis mit Volksparkcharakter aus der Zeit der Weimarer Republik. Ein Gang durch die sich anschließende Siedlung mit ihren Ausschmückungen an Fassaden und Straßenbauten vermittelt einen überzeugenden Eindruck von der idealistischen, demokratischen Aufbruchstimmung der Zwanziger Jahre.

Zugang Das riesige Areal des Volksparks Jungfernheide wird umschlossen von dem am Hohenzollernkanal entlangführenden Saatwinkler Damm im Norden, der Autobahn, die hier schon offiziell den Namen Kurt-Schumacher-Damm trägt, im Osten, dem Heckerdamm im Süden und dem fast schon idyllischen Jungfernheideweg im Westen.

🚌 Jungfernheideweg, Heckerdamm

Bus X9, X21, 109, 121, 123, 128, 225 Jakob-Kaiser-Platz

U 7 Jakob-Kaiser-Platz

Noch unter Friedrich Wilhelm I. war die **Jungfernheide** ein Hofjagdrevier bzw. Exerzier- und Schießplatz. Erst 1908 gingen 800 Morgen dieses Geländes in den Besitz der Stadt Charlottenburg über, die hier einen großen städtischen Park für den expandierenden Norden anlegen wollte. Der Stadtgartendirektor Erwin Barth legte dann 1920 einen Gesamtentwurf vor, der allgemeine Billigung fand und eine formale Konzeption vorsah, die sich die natürlichen Voraussetzungen des Geländes gestalterisch nutzbar machte.

Barth lobte dabei den „teilweise recht schönen alten" Laubwaldbestand, „welcher in unmittelbarer Nähe Berlins als eine Art Naturdenkmal angesehen werden muß".

Der Wasserturm von 1926/27 ist ein markanter Blickpunkt

Ausgedehnte Wasserflächen des Jungfernheideteiches

Der 200 ha große Park wird von einer in Ost-West-Richtung liegenden Mittelachse bestimmt, deren westlicher Endpunkt die Badeanstalt mit Restaurant markiert und an deren östlichen Ende ein Wasserturm bestimmend ist. Es gibt einen Teich, der im Winter als Eisbahn dient, eine Planschwiese und Spiel- und Erholungsstätten für Kinder. Interessant - und bezeichnend für den Volksparkcharakter - ist, dass diese Sportanlagen im Zentrum liegen und von dem waldartigen Park, der nur von wenig geschwungenen Wegen durchkreuzt wird, sozusagen eingerahmt wird.

Der 4 km lange Spazierweg lädt zu jeder Jahreszeit ein; schöne Blickachsen z.B. auf den kupfer-gedeckten Pavillon oder den Wasserturm wechseln sich ab mit Wasserpartien und Waldstücken.

Diese wohl berühmteste und zugleich zweitgrößte Parkanlage der Weimarer Republik gilt nach wie vor wegen ihrer beeindruckenden Synthese aus natürlich belassenen Partien, dem großen formal geprägten Parkprogramm und dem zeitlosen Nutzungsangebot, das auch Kunst und Kultur (Naturtheater) mit einschließt, als einzigartiges gartenkünstlerisches Zeugnis der Zwanziger Jahre.

In dem Stil dieses Reformgeistes ist auch die Großsiedlung **Siemensstadt** erbaut worden. Sie bildet mit dem Park Jungfernheide eine Einheit und ist ein beeindruckendes Dokument für die Auffassung des „Neuen Bauens".

Unter der Leitung des damaligen Stadtbaurates Martin Wagner entwickelten sechs Architekten, Hans Scharoun, Walter Gropius, Otto Bartning, Hugo Häring, Fred Forbat und Paul-Rudolf Henning das städtebauliche Konzept. Sie einigten sich auf eine bis dahin noch wenig angewendete Zeilenbauweise im Gegensatz zu der vorherrschenden Blockrandbebauung. Der städtebauliche Gesamtentwurf stammt von Hans Scharoun. Die unterschiedlichen Wohnungsgrundrisse der einzelnen Architekten, die durchaus experimentellen Charakter im Sinne der Kleinstwohnung für das Existenzminimum haben sollten, sind ausnahmslos von hoher Qualität.

Die Gestaltung der Freiräume lag in den Händen des Gartenarchitekten Leberecht Migge (1881-1935), der als ein engagierter Vertreter eines sozialen Siedlungswesens galt.

Baumpflanzungen im Straßenbereich gaben der Architektur gliedernde grüne Akzente und charakterisieren nach wie vor die Straßenräume. So standen schnellwüchsige Pyramidenpappeln vor den nackten Stirnwänden, und flächige Gehölzpflanzungen folgten dem kurvigen Verlauf eines Gebäudes, „Langer Jammer" genannt. Sogar die Müllhäuser wurden durch Bepflanzung und Dachbegrünung integriert.

Das Erscheinungsbild der Siedlung hat sich im Laufe der Zeit natürlich verändert. Durch die unmittelbare Nachbarschaft zu den Industrieanlagen der Firma Siemens gab es erhebliche Kriegsschäden.

Aber seit 1978 ist die Denkmalpflege gemeinsam mit dem Bauträger damit befaßt, die besonderen gestalterischen Qualitäten der Siedlung wieder zurückzugewinnen. Und das ist auch gelungen. Weitere schöne Beispiele von „Siedlungs-Grün" in Berlin, derer sich die Gartendenkmalpflege ebenfalls angenommen hat, sind die Paul-Francke-Siedlung, das Grünflächensystem Frohnau und die Flußpferdhof-Siedlung. 🌿

Wasserturm am östlichen Parkende

VOLKSPARK REHBERGE

Dieser 86 Hektar große Park ist einer der Höhepunkte der
Berliner Grünpolitik der Weimarer Epoche gewesen, bevor
kurze Zeit nach seiner Eröffnung 1929 die Auswirkungen
der Weltwirtschaftskrise den Bau derartiger Anlagen
weitgehend verhinderten.

Zugang   Der Volkspark Rehberge erstreckt sich westlich des
Afrikanischen Viertels. Die Windhuker, die Afrikanische
und die Transvaalstraße bieten Zugang zu dem Gelände.
Von Süden her erreicht man den Volkspark über das
Dohnagestell. Diese Straße, die hinter dem Abzweig
Transvaalstraße zur Sackgasse wird, sollten auch
die Eltern wintersportbegeisterter Kinder einschlagen,
denn sie endet fast direkt am Fuße des beliebten
Rodelberges

🚌   Afrikanische Straße/ Dohnagestell
U 6 Rehberge oder U Afrikanische Straße
Tram 23 und 24 Virchow- Klinikum
Bus X26, 126 Dohnagestell,
Bus 328 Nachtigallplatz

*E*ine der bedeutendsten Schöpfungen Erwin Barths während seiner Amtszeit als Gartenbaudirektor Groß-Berlins (1926-1929)
war die Gestaltung des Volksparks Rehberge im Bezirk Wedding.
Grundlage waren Vorentwürfe des Berliner Stadtgartendirektors
Brodersen und Germer, Weddinger Gartendirektor.

Auf einem sandigen, hügeligen Terrain - entstanden durch die
Abholzung eines riesigen Kiefernwaldes gegen Ende des 1. Weltkrieges
- wurde eine Sport- und Erholungsstätte für die Berliner Bevölkerung
geschaffen, die zugleich beispielhaft heimische Naturbilder vermitteln

Im weitläufigen Volkspark Rehberge

sollte. Durch diese Zielsetzung und auch durch den waldartigen Saum der Anlage ist der Volkspark Rehberge mit dem Volkspark Jungfernheide vergleichbar. Allerdings gibt es hier keine axiale Ausrichtung, sondern Barth hat sich ganz den landschaftlichen Gegebenheiten angepaßt. So genießt man schöne Ausblicke von den Hügeln auf die Spielwiesen, im Winter lockt eine hervorragende Rodelbahn.

Ein bereicherndes Element stellen die Dauerkleingärten dar, die im nördlichen Teil des Parkes angesiedelt sind. Sie waren die ersten ihrer Art in Berlin und eine der ersten in Deutschland überhaupt. Durch eine einheitliche Gestaltung fügen sie sich gut in die Grünanlage ein.

Der Volkspark Rehberge war der Endpunkt eines Grünzuges, der von den ausgedehnten Wäldern in der nordwestlichen Umgebung Berlins - über den Falkenhagener Forst, die Stolper Heide, den Tegeler Forst, den Tegeler See und schließlich über die Jungfernheide bis zu den Rehbergen gereicht hätte. Inzwischen sind Autobahnen und der Flughafen im wahrsten Sinne dazwischen gekommen.

Ein Besuch des Volksparks Rehberge lohnt nicht nur mit Kindern oder um einen heißen Sommertag im Grünen zu verbringen. Zu jeder Jahreszeit übermittelt ein Spaziergang den idealistischen Gestaltungswillen seiner Schöpfer und seine dauerhaft gelungene Ausführung.

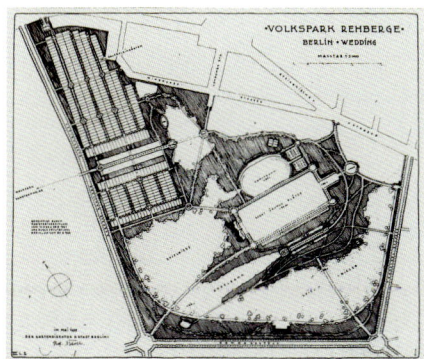

Entwurf
von Prof. E. Barth, 1928

SCHILLERPARK

Der im Wedding gelegene Park nimmt in der Geschichte des historischen Grüns von Berlin eine besondere Stellung ein. Die Anlage
verkörpert sowohl in Bezug auf Gartenkunst als auch in ihrer
sozialen Funktion einen Park des beginnenden 20. Jahrhunderts,
der den Wandel vom repräsentativen Schmuckstück zum sozialen
Grün artikuliert.

Zugang Der Schillerpark wird von der Edinburger-, der Dubliner-, der Bristol-
und der Ungarnstraße umgeben. Die Barfusstraße führt mitten
durch ihn hindurch und zerschneidet ihn in zwei Teile

🚌 Edinburger Str., Barfusstraße, Wedding
Bus 120 Barfusstraße, Haltestelle: Bristolstraße
U 6 Rehberge

*D*s Areal war wie das der Rehberge im vorigen Jahrhundert noch
Waldgebiet. Mit dem Näherrücken der Wohnbebauung infolge
der Ausdehnung der Stadt Berlin (in der Nähe siedelten sich große
Fabriken wie Borsig und AEG an, für deren Arbeiter Wohnraum geschaffen werden mußte) beschloss die Stadtverwaltung, hier einen Park zu
gestalten. Die Anlage sollte anläßlich des 100. Todestages des Dichters
Friedrich Schiller (1905) seinen Namen tragen.

Für den insgesamt 25 ha großen Park wurde ein öffentlicher Wettb-
ewerb ausgeschrieben, den der Magdeburger Gartenarchitekt Friedrich
Bauer gewann. Die Ausführung erfolgte in den Jahren 1909-1913.
Notwendigerweise geteilt durch die Barfusstraße, werden die beiden
Flügel der in weiten Teilen architektonisch gestaltete Anlage durch zwei
große je 3,5 ha umfassende Wiesenflächen bestimmt. Der südöstliche
Teil des Parks wird von einer dreigliedrigen Terrasse geprägt, die sich
über einen Dünenrücken erstreckt und auf deren oberen Teil das
Schillerdenkmal - eine Bronzekopie der Marmorstatue von Reinhold

Die Schillerpark-Terrassen schmücken üppige Blumenbeete

Begas (1869) vom Gendarmenmarkt - vor einem strengen Kastanienhain steht. Hinter dem Hain befindet sich die sogenannte Schillereiche,
sie wurde als erster neuzupflanzender Baum aus Schillers Geburtsort
Marbach hierher gebracht.

Der nordwestliche Teil ist eher im Stil des Landschaftsparks gehalten. Aber auch hier ist eine vierreihige Linden- und Ulmenallee parallel
zur Edinburger Straße strenges, strukturgebendes Element.

Der Bau des Schillerparks ging in seiner Bedeutung weit über die
Grenzen der damaligen Stadt Berlin hinaus. Er hatte sowohl in garten-
kunsthistorischer als auch in städtebaulicher Hinsicht eine signifikante
Wirkung für die weitere Entwicklung öffentlicher Grünanlagen in den
ersten Jahrzehnten des 20. Jahrhunderts; Werner Hegemann nannte ihn
im Jahr 1912 die „erste moderne Parkschöpfung Berlins". 🌿

Folgende Seiten: Kastanienalle im Schillerpark

SCHLOSSPARK
NIEDERSCHÖNHAUSEN

Bereits 1672 in einer Chronik erwähnt, mit einer barocken
Blütezeit unter Friedrich I., später als Park des Amtssitzes des
ersten Präsidenten der DDR, blickt der Schlosspark Niederschönhausen auf schicksalhafte Jahre zurück.

Zugang   Der Schlosspark Niederschönhausen läßt sich am
         besten über die Straßen Ossietzkystraße und
         Am Schloßpark erreichen

🚌   Am Schlosspark, Pankow, S 4, 8 und 85
     Tram 52, 53 Pankow-Kirche, Bus 155, 255

Noch nicht wieder hergestellt ist der Schlosspark von Nieder-
schönhausen, obwohl seine Geschichte lang und interessant ist.
Vermutlich wurde er schon 1662 von der Gräfin Dohna, der Gemahlin
Graf Christian Albrechts zu Dohna, angelegt und war - idyllisch an dem
Flüßchen Panke gelegen und dem der Bezirk Pankow seinen Namen ver-
dankt - so bedeutend, dass er in einer Chronik der brandenburgischen
Gärten von Elsholz bereits 1672 erwähnt wird.

Unter Friedrich I. erhielt er seine barocke Perfektion, die später von
der Gemahlin Friedrichs II., Elisabeth Christine, ausgestaltet und ver-
schönert wurde.

Auch Lenné hatte dann später seine Finger mit im Spiel, was nicht
anders zu erwarten war. Die Herzogin von Cumberland erreichte 1827,
dass er mit einem Entwurf für die Neugestaltung beauftragt wurde, der
allerdings nur teilweise realisiert worden ist.

Im ausgehenden 19. Jahrhundert geriet der Park immer mehr in
Vergessenheit, bis das Schloss zum Amtssitz des ersten Präsidenten der

Wasserlauf der Panke im Schlosspark Niederschönhausen

DDR wurde. Dieser Umstand wirkte sich allerdings noch weniger günstig aus. Es entstanden Wirtschaftsgebäude und eine große Mauer zwischen Schloss und Park.

Die vier großen Platanen im inneren Schlossgarten sind besondere Kostbarkeiten aus der Lenné-Zeit und rufen bei dem Besucher den Wunsch wach, dass auch hier die Gartendenkmalpflege Vergessenes und Vergangenes behutsam wieder zum Leben erwecken möge. 🍃

SCHLOSSPARK BUCH

Noch nördlich von der Autobahn „Berliner Ring" liegt der
Ort Buch. Die über 300-jährige Geschichte des dazugehörigen
Schlossgartens spiegelt auf einzigartige Weise die Gartenkultur
der Mark wider; noch heute sind die stilistischen Strömungen
der unterschiedlichen Gartenepochen weitgehend vorhanden
und für den fachkundigen Besucher auch erlebbar.

Zugang   Die Straßen Röntgentaler Weg, Pölnitzweg,
         Alt-Buch und Wiltbergstraße umgeben den
         Schlosspark Buch

🚌   Wiltbergstraße, Buch, S 4 Buch
         Bus 150,151, 158, 159, 251 Buch

*D*er erste frühbarocke Garten entstand ab 1669 unter Gerhard
Bernhard Freiherr von Pölnitz, es war ein durch Hecken und
Alleen räumlich streng gegliederter Garten, der von Wasserkanälen
umgeben war. Die vorrangig als Nutzgarten konzipierte Anlage erfuhr
eine erste deutliche Veränderung im 18. Jahrhundert, als 1724 der Enkel
des Freiherrn, Adam Otto von Viereck nicht nur das Schloss umbauen,
sondern auch, dem Zeitgeschmack des Hochbarock entsprechend, eine
Orangerie und ein Broderieparterre anlegen ließ.

Unter Vierecks Tochter wurde im ausgehenden 18. Jahrhundert der
barocke Garten schrittweise „verlandschaftet", diese Entwicklung führte der Sohn, Otto Karl Friedrich von Voß fort. Dabei folgte man dem
Muster einer sogenannten „ornamental farm", man mischte gartenbau-
lich-landwirtschaftlich genutzte Flächen mit gartenkünstlerisch gestalteten Partien zu einer scheinbaren Einheit. Schließlich wurde der
Schlossgarten von Buch unter seinem letzten privaten Besitzer, Georg
von Voß, zu einem reinen Landschaftspark, bevor der Besitz 1898 an die
Stadt Berlin verkauft wurde.

Im Verlauf der nachfolgenden Geschichte wurden die Gebäude des Schlossparkes abgerissen und die Strukturen der Anlage stark vereinfacht.

Geht man heute durch den Garten, fallen zwar die malerischen Wasserläufe angenehm auf, die vielen Brücken sind jedoch häßliche Relikte aus DDR-Zeiten und der Gehölzbestand ist ungepflegt. Es bleibt zu hoffen, daß die ersten Schritte der Umsetzung eines Parkpflegewerkes energisch ihre Fortsetzung finden werden. Derzeit lohnt der Besuch nur, wenn man noch andere Gründe hat, in Buch Station zu machen.

TIPP *Wer sich schon auf die lange Reise in den äußersten Nordosten Berlins gemacht hat, sollte die Gelegenheit wahrnehmen, das berühmte* **Klinikum Buch** *anzusehen; zumal diese historische Krankenstadt ganz in der Nähe liegt, nämlich ebenfalls zwischen Pölnitzweg und Wiltbergstraße, also dem Schlosspark fast gegenüber. Heute steht das ganze Ensemble unter Denkmalschutz und vermittelt trotz der unklaren Zukunftsperspektiven des medizinischen Betriebes den Gesamteindruck einer beispielhaften Krankenstadt.*

Brücke über die Panke

FLUSSPFERDHOFSIEDLUNG

Dass sich der rasche Zuwachs an Bevölkerung nicht in Form von
tristen Plattenbauten widerspiegeln muß, zeigt die gelungene
Grüngestaltung der Flusspferdhofsiedlung.

Zugang   Die Flusspferdehofsiedlung wird durch die Strausberger
         und die Küstriner Straße erschlossen

         Strausberger Straße, Küstringer Straße, Hohenschönhausen
         Bus 256 Werneuchener Straße/ Große Leegestraße
         Tram 5, 15 Werneuchner Straße

*I*n den ersten drei Jahrzehnten des 20. Jahrhunderts sind in Berlin
im Zusammenhang mit der wachsenden Bevölkerung und der
Demokratisierung der Gesellschaft zahlreiche Siedlungen entstanden,
deren hohe ästhetische wie auch soziale Qualität noch heute beein-
drucken. Ein Beispiel ist die Flußpferdehofsiedlung in Hohenschön-
hausen.

1931-34 wurden hier im Auftrag der Gemeinnützigen
Wohnungsbaugesellschaft 600 Wohnungen von den Architekten Paul
Mebes und Paul Emmerich im Stil der „Neuen Sachlichkeit" der 20er
Jahre gebaut.

Die Gartengestaltung nimmt die Strenge der Baukörper auf durch
ein entsprechendes Wegesystem mit Vorgärten, Hecken und einer strengen spiegelbildlichen Ausformung des zentralen Gartenraumes mit dem
Brunnen. Gleichzeitig erhielten die Freiräume zwischen den
Zeilenbauten eine fast malerische, landschaftliche Anmutung durch
mehrere Baumgruppen vorwiegend mit Hängeformen der Birke, Buche
und Weide. Diesen Baumgruppen sind teilweise rechtwinklige Plätze
zugeordnet, die als Sitzplätze dienen. Früher waren sie mit
Teppichstangen ausgestattet.

Flusspferdhofsiedlung: Grünanlagen mit Brunnen

Den Mittelpunkt der Siedlung bildet der zentrale Grünbereich, der durch Laubenganghäuser und Baumreihen aus Zierkirschen gerahmt wird und dessen Zentrum, von allen Richtungen sichtbar, die Fontäne mit den badenden Pferden des Bildhauers Hans Mettel ausmacht.

Die hervorragend wieder hergerichtete Anlage dokumentiert das Lennésche Prinzip „Gartenkunst ist Raumkunst" in einer zeittypischen Gestaltung auf das Feinste.

SCHLOSSPARK FRIEDRICHSFELDE

Theodor Fontane hat in dem Band „Spreeland" seine Wanderungen durch die Mark Brandenburg, die wechselhafte Geschichte von Friedrichsfelde ausführlich beschrieben und schließt mit den Worten - die auch heute noch eine gewisse Gültigkeit haben:
„Die nahe Hauptstadt samt ihrem Lärm, wir empfinden sie wie hundert Meilen weit. Hier ist Friede!"

Am Tierpark, Lichtenberg
U 5 Tierpark, Tram 26, 27, 28
Bus 108, 194, 296

*D*ie ersten Erwähnungen dieses Ortes, früher Rosenfelde genannt, gehen bis weit in das Mittelalter zurück. Der erste urkundlich erfaßte Begriff eines Gutsbetriebes taucht 1319 auf, als die Familie Ryke ein „Rittergut mit Schäferei" mit Genehmigung des Kurfürsten dort errichten durfte, welches fast 300 Jahre in ihrem Besitz blieb. Im gartenhistorischen Sinne wird Rosenfelde aber erst 1682 interessant, als der vermögende Schiffahrtsdirektor Benjamin Raule die Ländereien im Stil seiner holländischen Heimat umgestalten läßt. Ein Schlösschen mit achtgliedrigem Parterre, von drei Seiten mit einem Kanal umgeben, wird errichtet; der ehemalige Obstgarten, das sogenannte „Südparterre" erhält sechs Beetkompartimente; es gibt Treppen zum Wasser, Brücken, eine Orangerie und einen ausgedehnten Tiergarten. Aber Herr Raule fällt schon 1698 in Ungnade und sein so schön entwickelter Besitz geht an den Kurfürsten zurück, der nach einer Erweiterung durch seine Domänen das Anwesen in Friedrichsfelde umbenennt. 1719 läßt der damalige Besitzer, Albrecht Friedrich Markgraf von Brandenburg-Schwedt, das kleine Raulesche Schlösschen umbauen und eine Allee anlegen, die auf geradem Weg von der Frankfurter Landstraße auf das Schloss hinführte, die spätere Prinzenallee und heutige Einbecker

Straße. In der zweiten Hälfte des 18. Jahrhunderts werden unter Prinz Ferdinand von Preußen weitere Veränderungen an den Gartenanlagen vorgenommen.

Eine Erweiterung an seiner Ostseite zeigt die ersten noch unge- schickten Versuche des neuen Gartenstils. Verkrampfte Schlängelwege durchziehen drei durch gerade Alleen getrennte Boskett- oder Waldstücke wie aufgerollte Labyrinthe, enden blind oder rollen sich schneckenförmig ein.

Dieter Hennebo: Zur Geschichte des Parks in Friedrichsfelde, 1955

Und weitere, dem Zeitgeschmack entsprechende Gestaltungs- elemente werden in dieser Periode hinzugefügt. Bosketts mit Kabinetten, Parkbauten im chinesischen Stil, rechteckige Inseln in der Nähe des Tiergartens und durch diesen hindurchführende Diagonal- wege.

Schloss Friedrichsfelde mit dem vorgelagerten Parterre

1821 wird der Schlosspark Friedrichsfelde durch Peter Joseph Lenné in einen zusammenhängenden und wohlgeordneten Landschaftsgarten verwandelt und zwar unter Zuschüttung diverser Kanalarme und Herausbildung eines landschaftlich geformten Teiches vor der Südfront des Schlosses. Diese Gestaltung erhält sich bis zum Ende des Zweiten Weltkrieges. Danach verkommt der Park und erst durch den Beschluss des Magistrates von Groß-Berlin am 27.8.1954, hier den neuen Berliner Tierpark einzurichten, wird eine schrittweise Instandsetzung ermöglicht.

1972 wird das Schloss Schritt für Schritt restauriert und 1986/87 gelingt die Rekonstruktion des Nordparterrres in den Zustand von 1767 unter dem Gartendenkmalpfleger Detlef Karg.

Heute strahlt das Schloss cremefarben/altrosa und der angenehme Spaziergang durch die ausgedehnte Anlage ist besonders erlebnisreich, wenn man sich der langen, wechselhaften Geschichte bewusst ist, die immer noch in Teilen ablesbar ist.

TIPP *Der Schlosspark Friedrichsfelde ist heute zum Tierpark Friedrichsfelde umgewandelt und beherbergt etwa 1.000 Arten mit über 5.000 Tieren. Die Bauten und Anlagen des 1955 eröffneten Tierparks entwarf Heinrich Dathe. Im Gegensatz zum Zoo ist der Tierpark sehr viel großzügiger und weniger gedrängt angelegt. Was Wunder, beträgt die Fläche der gesamten Anlage doch 160 Hektar. Da muß der Besucher schon gut zu Fuß sein, um sich alles Sehenswerte zu erwandern.*
Übrigens: Das große **Terrassencafé des Tierparks** *ist ein authentisches Denkmal für gastronomische Grundversorgungseinrichtungen der frühen DDR.*
Öffnungszeiten: Täglich von 7 Uhr (im Winter ab 8 Uhr) bis zum Einbruch der Dunkelheit.

Das **Schloss Friedrichsfelde** *ist heute ein Teil des Stadtmuseums Berlin und präsentiert in seinen Räumen Kunst des 17. und 18. Jahrhunderts.*
Öffnungszeiten: Dienstag bis Sonntag von 10 bis 18 Uhr.

SCHLOSSPARK BIESDORF

Wunderschöner Park und verwahrlostes Schloss als krasser
Kontrast lassen die Gemüter schwanken – man hofft sehr auf die
Wiederherstellung des Erscheinungsbildes der Jahrhundertwende.

Zugang   Der Schlosspark Biesdorf läuft im Norden in einer Grünanlage aus, die
         die S-Bahn-Gleise begleitet. Über die Nordpromenade, die bald zu
         einem Fußweg wird, erschließt sich vom Bahnhof aus das Gelände. Die
         leider sehr stark befahrenen Strassen Alt-Biesdorf und Blumberger
         Damm begrenzen den Park nach Süden und Osten. Im Westen befin-
         det sich eine Siedlung

🚌   Blumberger Damm, Alt-Biesdorf
     S 5 Biesdorf
     Bus 190 Frankenholzer Weg, Bus 192 S-Bahnhof Biesdorf
     Bus 108 Stadtpark Biesdorf

*I*m März leuchten die violetten Krokusse wie eine changierende
Wasseroberfläche dem Besucher entgegen, wenn man den Park
Biesdorf durch die seitliche Eingangsloggia des Schloßes betritt. Dieser
Weg hat seinen eigenen Reiz, denn von der vielbefahrenen Landstraße
Alt-Biesdorf im Berliner Bezirk Marzahn geht es ein wenig bergauf und
erst auf der Höhe des ehemaligen Rittergutes erlebt man einen wunderschönen Blick durch die Säulen-Vorbau die grandiose Lindenallee
entlang. Das tröstet über den verwahrlosten Zustand des Gebäudes hinweg.

Schloss und Park stammen aus der zweiten Hälfte des 19.
Jahrhunderts. Nach Plänen des Geheimen Baurates Heino Schmieden
ließ 1868 Hermann von Rüxleben eine landschaftsbezogene spätklassi-
zistische Villa mit Säulenhalle, Balkonen, Pergolen und einem hohen
Eckturm errichten. 1887 erwarb Werner Siemens die Gutsanlage und
ließ durch den königlichen Baumeister Astfalck an der Ostfassade eine

Blick vom Plateau des Eiskellers auf den Teich mit Fontäne

repräsentative Freitreppe anbauen, die in den Garten führte. Sein Sohn
Wilhelm von Siemens erweiterte den Park auf ca. 14 ha und beauftragte den Landschaftsarchitekten Albert Brodersen, hier einen klassischen
Landschaftsgarten anzulegen. Die italienischen Stilformen der Villa
betonte er mittels Kletterpflanzen und Spalieren. Das spannungsvoll
modellierte Gelände mit weiten Wiesenflächen, geschickt angeordneten
Baum- und Strauchgruppen, rahmenden Gehölzpartien erschließt ein
geschwungenes Wegesystem, von welchem der Blick auf gestalterische
Höhepunkte und stimmungsvolle Ansichten gelenkt wird. Der Eiskeller
im Park wurde mit einer zweiläufigen Treppenanlage überbaut und als
Aussichtsplateau gestaltet - gegenüber entstand der malerische Teich
mit festlicher Fontäne.

   Der nordwestlich der Villa gelegene **Teepavillon** aus Knüppelholz
und Birkenverstrebungen ist inzwischen perfekt wiederhergestellt, von
hier hat man einen Blick auf den von Hainbuchenhecken gefaßten
sogenannten Lesegarten und den Rosengarten. Die Gestalt des

Lesegartens rührt von seiner jüngster Vergangenheit her: noch bis in die Mitte der 90er Jahre diente die Fläche als Tennisplatz.

1927 übernahm die Stadt Berlin den Besitz und es wurde ein öffentlicher Park, 1945 entstand im Schloss ein Brandschaden, der den Abriss des Obergeschosses notwendig machte, wie durch ein Wunder blieb der Turm erhalten. Nun ist zu hoffen, daß die gemeinsamen Bemühungen des Bezirksamtes, der Gartendenkmalpflege und des Naturschutz- und Grünflächenamtes Marzahn das Erscheinungsbild der Jahrhundertwende - sowohl des Gartens als auch des Schlosses - wiederherzustellen vermögen.

TIPP *Zur Zeit liegt das Schloss in der Obhut eines Kulturvereines, der hier diverse kleinere Veranstaltungen organisiert, Kinderfeste veranstaltet und in den Kellerräumen eine kunsthandwerkliche Werkstatt für Jugendliche eingerichtet hat. Die Damen des Vereins betreiben ein kleines improvisiertes* **Café** *mit selbstgebackenem Kuchen.* ❧

Der 1998 rekonstruierteTeepavillon, heute Sitzplatz und Lesepavillon

SCHLOSSPARK KÖPENICK

Schloss und Park Köpenick blicken auf eine lange, wechselhafte Geschichte zurück: das ehemalige Jagdschloss von 1550 wandelte sich vom Quartier des Schwedenkönigs Gustav Adolf zum Wohnsitz des Kurfürsten Friedrich in einen verwilderten Garten um das zum Gefängnis gewordenen Gebäude. Heute prüft man die Möglichkeiten einer Wiederherstellung.

Zugang Die Adresse des Parks lautet einfach nur Schlossinsel.
        Die Brücke zur Insel liegt dort, wo sich die vielbefahrenen
        Strassen Müggelheimer Strasse, Müggelheimer Damm
        und Alt Köpenick treffen, und wo deshalb die meiste Zeit
        ein Stau entsteht. Also besser die Strassenbahn
        nehmen!

🚌 Köpenick
    Tram 26, 60, 62, 63, 67, 68 Schlossplatz Köpenick
    Bus 167, 169, 360 Schlossplatz Köpenick

*W*ann das erste Schloss auf dieser Insel in der Spree gebaut wurde, ist nicht bekannt. Sicher ist, daß es 1550 durch Kurfürst Joachim II. abgerissen wurde, um Platz für ein Jagdschloss zu machen. Nach einer Wolfsjagd im Januar 1571 starb Joachim II. hier und danach ist es erst einmal still um das Schloss Köpenick. Kurze Zeit hatte König Gustav Adolf von Schweden während des 30jährigen Krieges hier sein Quartier bezogen, aber erst 1677 beginnt eine neue Ära auf der Spreeinsel. Für den Kurfürsten Friedrich wird ein Barockschloss errichtet und auch die Anlage eines in vier große Quartiere unterteilten Lustgartens ist verbürgt. Vor dem Corps de Logis wurde ein vertieft gelegenes Gartenparterre in achsialer Beziehung zum Schloss angelegt, dessen Felder mit Heckeneinfassungen sowie geschnittenen Pyramidenbäumen, aber auch symmetrisch angeordneten Ornamenten ausgestattet waren. Im Mittelpunkt des die ganze Halbinsel einnehmenden, streng formalen Barockgartens befand sich vermutlich die Orangerie, damals noch ein abschlagbares Glashaus, in dem im Winter eine riesige Agave frostfrei gehalten werden konnte. Es gibt wenige Pläne und Abbildungen vom Schlossgarten zu Köpenick, aber man kann davon ausgehen, dass es zusätzlich längs der Uferwege schöne Alleen gab, die den Garten nicht nur räumlich rahmten, sondern auch reizvolle Ausblicke in die Tiefe der sich hier seenartig verbreiternden Spree ergaben.

Bis zum Tode der Herzogin Henriette Marie von Württemberg-Teck im Jahre 1782 befand sich der Garten in einem guten Pflegezustand, danach verwilderte er zusehends. Das machte es für Friedrich Wilhelm Karl Reichsgraf von Schmettau 1804 leicht, die Umwandlung des barocken Gartens in eine landschaftliche Anlage einzuleiten. Nach seinem frühen Tod ging der Besitz an die Krone zurück, und ein düsteres Kapitel begann: Hinter vernagelten Fenstern wurden hier sogenannte „Demagogen" in Untersuchungshaft gehalten. Der Garten verfiel rasch, nur die zahlreichen Bäume und Reste der alten Alleen konnten sich ungehindert entwickeln und verwandelten den einst kunstvollen Lustgarten langsam in eine Wildnis.

Trotz einer ahistorischen Neugestaltung in den 60er Jahren sind alte Gartenstrukturen noch erkennbar und es wird geprüft, ob im Zuge der Restaurierung des Schlosses von Köpenick diese wieder herausgearbeitet werden können. Im Sinne eines in Jahrhunderten gemeinsam gewachsenen Gesamtkunstwerkes aus Schloss und Garten wäre dies sehr zu wünschen.

TIPP *Die Köpenicker Altstadt lohnt trotz des Verkehrschaos' einen Besuch. Auf engem Raum drängen sich hier historische Bauten aus den unterschiedlichsten Epochen. Hingewiesen sei ausdrücklich auf das vermutlich 1770 errichtete* **Andersonsche Palais**, *Alt Köpenick 15, das wohl bedeutendste Haus aus der Barockzeit, das in diesem Architecturensemble die Zeit überdauert hat. Nach der aufwendigen Renovierung ist es jetzt wieder ein wahres Schmuckstück.*

Schlosspark Köpenick auf der Schlossinsel

TREPTOWER PARK

Der große Volkspark dokumentiert den Verlauf des 20. Jahrhunderts: er ist heute wie früher beliebtes Ausflugsziel der wachsenden Millionenstadt und erinnert einmalig an den DDR-Zeitgeist.

Zugang   Der Treptower Park erstreckt sich zwischen Puschkinallee und
          Alt Treptow im Nordosten und der Straße Am Treptower Park
          im Südwesten

🚌   Am Treptower Platz
          S 4, 9, 8, 85 Treptower Park
          Bus 104, 166, 167, 194, 265 Treptower Park

*M*alerisch an der Spree gelegen ist Treptow schon Anfang des 19. Jahrhunderts ein beliebtes Ausflugsziel gewesen. Berühmte Kaffee- und Gasthäuser, wie das ehemalige Magistrats-Gasthaus, heute „Zenner", und das sogenannte Eierhäuschen, sowie das hier am 24. August stattfindende Volksfest „Stralauer Fischzug" sorgten für regen Publikumsverkehr. Mit der Anlage von Alleen, die zu Spaziergängen einluden, begann in den 20er Jahren des 19. Jahrhunderts die Entwicklung zu einer der wichtigsten Grün- und Freiräume des wachsenden Berlin.

In den Jahren 1876-1888 wurde Treptow dann nach den Entwürfen Gustav Meyers - neben den beiden anderen großen Anlagen Humboldthain und Friedrichshain - zu einem großen Volkspark umgestaltet.

Große offene Wiesenräume, rahmende dichte Gehölzpflanzungen mit hainartig vorgelagerten Baum- und Strauchgruppen, ein geschwungenes, den Landschaftspark erlebnisreich durchziehendes Spazierwegesystem, Spielanlagen sowie Alleen kennzeichnen die Meyersche Planung. Ein gestalterischer Höhepunkt bildet der große Karpfenteich, dessen Aushub genutzt wurde, um eine wallartige

Blick nach Süden über den Karpfenteich mit der Skulptur „Nöck"

Erdtribüne aufzubauen, die eine große Spiel- und Sportwiese in der Form eines Hippodroms umgab.

Auf diesem Areal entstand nach dem Ende des Zweiten Weltkrieges eine Gedenkstätte zur Erinnerung des Sieges der Sowjet-Armee über den Nationalsozialismus und zugleich ein Gräberfeld für über 5.000 gefallene Soldaten. Ein „Schöpferkollektiv", bestehend aus dem Architekten Belopolski, dem Bildhauer Wutschetitsch, dem Maler Gorpenko und der Ingenieurin Walerius schuf in stalinistischer Monumental-Architektur eine pathetische Anlage von gewaltigem Ausmaß.

Die nach 1949 wiederaufgebaute Archenhold-Sternwarte ist Relikt einer 1896 im Park ausgerichteten Gewerbeausstellung.

In den Jahren 1959-1969 wurden nach Plänen von Georg Béla Pniower und Hubert Matthes verschiedene Sondergärten eingerichtet; der Rosen- und der Blumengarten spiegeln den Zeitgeist der 60er Jahre der DDR wider und werden als Geschichtsdokument bewahrt.

So vereint der Treptower Park auf beeindruckende Weise sehr unterschiedliche Geschichtsepochen, die Berlin geprägt haben: Der Landschaftspark als Spiel- und Erholungsstätte für die Bevölkerung der wachsenden Großstadt, in dem sich Schönheit und Nützlichkeit wunderbar vereinen. Das Sowjetische Ehrenmal, welches in einmaliger Art und Weise die Ideologie des Sowjet-Sozialismus widerspiegelt und deshalb als Denkmal bewahrt werden muß. Und, in kleinerem Umfang, die gestalterischen Veränderungen zu DDR-Zeiten.

TIPP *Weit in den Himmel über dem Treptower Park ragt ein Riesenfernrohr. Es weist den Weg zu der* **Archenhold-Sternwarte** *(offizielle Adresse: Alt Treptow 1).*

Öffnungszeiten: Mittwoch bis Sonntag 14 bis 16.30 Uhr, Sonntag 15 Uhr Vorführung des Riesenfernrohrs in Bewegung. 🌿

Mausoleum des Sowjetischen Ehrenmals im Treptower Park

VON-DER-SCHULENBURG-PARK

Dieser Landschaftspark von 1924 wird charakterisiert durch seine klare Struktur und ein eher formales Gesicht.

Zugang   Der Von-der-Schulenburg-Park liegt direkt an der Sonnenallee, der Hauptverkehrsader von Neukölln. Umrahmt ist die Anlage von den Straßen Planetenstraße, Drosselbartstraße und Hänselstraße

🕐   1. April bis 31. Oktober Mittwoch, Donnerstag, Sonnabend, Sonntag und an Feiertagen von 10 bis 18 Uhr

🚌   Sonnenallee, Neukölln, S 45, 46, 86 Köllnische Heide
Bus 241 Schulenburgpark
Bus 377 Köllnische Heide

*D*iese 1919 als Landschaftspark konzipierte Anlage erhielt ihren Namen nach dem früheren Oberpräsidenten der Provinz Brandenburg. Sein jetziges, mehr formales Gesicht erhielt der Park jedoch durch Ottokar Wagler, Gartenbaudirektor des Bezirksamtes Neukölln. Im Zusammenhang mit dem sogenannten Planeten-Viertel an der Sonnenallee entstand 1924 diese bemerkenswerte Grünanlage, die besonders ihrer klaren Struktur wegen beeindruckt. Im Zentrum befindet sich ein langes, rechteckiges Wasserbecken mit beidseitigen Platanenalleen und einem wertvollen Jugendstilbrunnen an seinem Ende. Dieser pavillonartige Brunnen „Deutscher Wald" stammt von Ernst Moritz Geyger und zeigt in eklektizistischen Formen verschiedene Märchenfiguren. Die Wasserkunst ist leider nicht mehr in Betrieb. Rechts und links davon stehen zwei Steinfiguren der Bildhauerin Katharina Szelinski-Singer.

Am anderen Ende des dominierenden Wasserbeckens ist eine Freifläche mit Spielplatz, Sitzbänken und Blumenrabatten. Geschützt vor

131

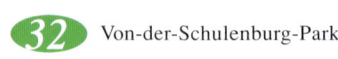

Farbenprächtige Blumenrabatten im Von-der-Schulenburg-Park

dem starken Straßenverkehr wird dieses hübsche Parkinnere durch den landschaftlichen Baum- und Strauchgürtel, der sich ähnlich wie in den großen Anlagen, z.B. dem Volkspark Jungfernheide sanft geschwungen rundherum erstreckt. Tritt man aus diesem Gehölzgürtel heraus und überquert die Rasenfläche, erscheinen der Brunnen und das Wasserbecken, in dessen Wasser sich die Platanen spiegeln wie eine kostbare Überraschung.

TIPP *Lohnend und fast schon Pflichtprogramm für Gartenninteressierte ist ein Besuch des berühmten* **Späth–Arboretums** *in der Späthstraße 80. Tel. 030/ 636 69 41*

Langestrecktes, rechteckiges Wasserbecken

KÖRNERPARK

Der neobarocke Körnerpark ist ein gartenarchitektonisches Kleinod, das mit der „schwierigen" Umgebung Berlin-Neukölln zu kämpfen hat.

Zugang Der Körnerpark liegt in einer Senke, die eingefasst wird von den Straßen Jonasstraße, Wittmannsdorfer Straße, Schierker Straße und Ilsestraße

🚌 Jonasstraße/ Karl-Marx-Straße, Neukölln

S 4, 45, 46, 86, U 7 Neukölln

Bus 141, 170,177 Neukölln

*D*er rund 3,6 ha große Körnerpark entstand in den Jahren 1912-1916 auf dem Gelände einer ehemaligen Kiesgrube. Der Vorbesitzer, Franz Theodor Körner, hatte diese der Stadt zum Geschenk gemacht mit der Auflage, hier einen Park zu errichten, der seinen Namen tragen sollte und *„....dem ihn umgebenden Stadtviertel ein besonders schmuckvolles Gepräge geben und zur Durchführung einer hervorragend schönen Umbauung und zur Schaffung einer besonders bevorzugten Wohngegend anspornen".*

So entstand, sehr reizvoll ca. 6 Meter tiefer als die umgebenden Wohnstraßen gelegen, eine streng axial aufgebaute Anlage im neobarocken Stil. Auf der Nord- und Südseite wird der Park durch hohe Arkadenwände abgeschlossen, in der Hauptachse liegt auf der Westseite eine Orangerie mit einer vorgelagerten Terrasse und auf der Ostseite eine Wasserkaskade mit Springbrunnen, die treppenartig vom Straßenniveau zum Parkniveau hinunter führt. Dazwischen liegt das Rasenparterre, begrenzt von Iris gesäumten Kanälen und räumlich gefasst durch Platanenalleen. Dem Parterre schließen sich jeweils seitlich schmale, ursprünglich offene, später mit Bäumen bepflanzte Räume an. Schließlich sind vor der nördlichen Arkadenwand ein durch eine geschnittene Hecke abgeschlossener, streng formaler Blumengarten, vor der südlichen Arkadenwand mehrere Sitznischen angeordnet. Von drei Straßenseiten kann man über dekorative Treppenanlagen in den Park gelangen.

Die Anfang der 80er Jahre erfolgte Grundinstandsetzung des Körnerparks ist abgeschlossen und er ist nicht nur ein hübsches Beispiel neo-barocker Gartenkunst der Jahrhundertwende, sondern auch ein außergewöhnliches Schmuckstück in einem sehr dichtbesiedelten Stadtteil Berlins. Die Kunstgalerie und das Café in der Orangerie bereichern zusätzlich den Wert dieser ästhetisch reizvollen Grünanlage.

TIPP *Die schöne Anlage befindet sich im tiefsten Neukölln. Flehentlich wie vergeblich bittet das Gartenbauamt, die Fläche des Zierrasens nicht zu betreten und Hunde fernzuhalten. Als letzte verzweifelte Maßnahme, dieses gartenarchitektonische Kleinod zu schützen, ist man nun dazu übergegangen, den Park nachts zu schließen. Die Öffnungszeiten: 7.30 bis 21 Uhr.*

Die **Galerie in der Orangerie** *wird vom Kunstamt Neukölln betrieben und zeigt wechselnde Ausstellungen ganz unterschiedlicher Art. Öffnungszeiten täglich von 12 bis 19 Uhr.*

Vor der Galerie, also auf der Terrasse der Orangerie finden bei schönem Wetter, gleichfalls vom rührigen Kulturamt unter dem Motto "Sommer im Park" organisiert, Konzerte statt.
Konzerttermine: Juni bis August, jeweils Sonntag 18 Uhr.

Das kleine Café im Foyer der Galerie versorgt Ausstellungs- und Parkbesucher mit den nötigsten Erfrischungen.

Folgende Seiten. Berankte Arkadenwand im Körnerpark

GUTSGARTEN BRITZ

Besonderen Reiz erhält die Anlage durch ihre Einbettung in das erhaltene dörfliche Ambiente mit Feldsteinkirche, Dorfplatz und Dorfteich, Friedhof und Pastorat.

Zugang   Der Gutsgarten liegt an der Fulhamer Allee,
              zwischen Britzer Damm und Parchimer Allee
              Neukölln, Bus 144, 174 Britzer Damm/
              Tempelhofer Weg
              U 7 Parchimer Allee

*D*er Gutshof Britz ist ein ehemaliges Rittergut, das seine erste Erwähnung 1375 im Landbuch Kaiser Karl des IV. findet. 1719 kaufte Geheimrat Rüdiger von Ilgen für 39.000 Taler das Gut samt „Statuen, Orangerie und Gewächsen". Woraus man ersieht, dass schon die Vorbesitzer über wärmeliebende Kalthauspflanzen und eine Art Lustgarten verfügten, in dem sommers Kübelpflanzen aufgestellt wurden. Ilgen soll eine der ersten Robinien (umgangssprachlich „Akazie") gepflanzt haben, die danach erst in Deutschland heimisch wurden. Als sie 1952 gerodet werden mußte, maß ihr Umfang 5 Meter. Im Zuge der gründlichen gartendenkmalpflegerischen Instandsetzung des Gutsgartens 1985-87 ist exakt an dieser Stelle eine neue große Robinie gepflanzt worden. 1753 erbte Ewald Friedrich von Hertzberg das Britzer Gut und ließ das Herrenhaus vergrößern und den Garten im barocken Stil verschönern. Sein „Schlossgarten", in dem auch öfter der König und andere hohe Gäste zu Besuch waren, war wohl noch ein typischer Gutsgarten der Mark, der gleichermaßen von „Reichtum und Ertragsstreben" geprägt war.

Die zentrale Lindenallee ist auch heute noch vorhanden, früher allerdings hatte man von einem halbrunden Parterre an ihrem Ende einen weiten Ausblick auf die Feldflur bis nach Buckow.

Unter dem letzten Besitzer von Britz, Wilhelm August Julius Wrede, wurde 1880-1883 das Haus umgebaut und der Garten umgestaltet. Wie zeitgenössischen Karten zu entnehmen ist, wies der Park sowohl landschaftliche Strukturen als auch geometrische Elemente der früheren barocken Gartengestaltung auf. Es wurden Tropenhäuser gebaut und Blumenrabatten entlang der Wege angelegt.

1924 wurde das Gut Britz an die Stadt Berlin verkauft. Nach einer sorgfältigen Instandsetzung des sehr heruntergekommenen Anwesens in den Jahren 1985-1988 steht nun auch wieder der Garten in seiner alten Schönheit der Öffentlichkeit zur Verfügung, eingeschlossen das in den 60er Jahren angelegte Rosarium.

Die Efeugirlande entlang der Auffahrt zum Gutshaus unterstreicht das biedermeierliche Erscheinungsbild eines Anwesens, so wie es etwa auch in Fontanes „Wanderungen durch die Mark Brandenburg" hätte beschrieben sein können.

Rotdorne und Festons schmücken die Vorfahrt des Schlosses Britz

TIPP *Das **Schloss Britz**, (Adresse Alt Britz 1), - so wird das ehemalige Gutshaus etwas hochstaplerisch genannt - befindet sich heute in der Obhut der Kulturstiftung Schloß Britz, und wird für wechselnde Ausstellungen genutzt. Im Historischen Pferdestall veranstaltet die Kulturstiftung die populären Britzer Sommerkonzerte.*

Öffnungszeiten des Schlosses: Ausstellungen Dienstag bis Donnerstag von 14 bis 18 Uhr, Freitag bis 20 Uhr und Sonnabend und Sonntag von 11 bis 18 Uhr, Führungen durch die historischen Räume finden Mittwoch von 14 bis 17 Uhr statt. 🌿

Gutspark Britz, links die neu gepflanzte Robinie am originalen Standort

Feldflur

Park

Stadt

Fluß

potsdam
bundes gartenschau
2001

„Gartenkunst
zwischen gestern
und morgen"

21. April bis
7. Oktober 2001

Wir informieren Sie gern:
Bundesgartenschau
Potsdam 2001 GmbH
Postfach 60 03 64
D-14403 Potsdam
Telefon (0331) 2001-0
Telefax (0331) 2001-111
E-Mail   buga2001@t-online.de

VOLKSPARK MARIENDORF

Der mit fast 12 Hektar größte Park des Bezirks Tempelhof liegt
zwischen zwei stark befahrenen Straßen, dem Mariendorfer
Damm und der Rixdorfer Straße. Ein Spaziergang durch diese
Anlage entführt jedoch in ein grünes Erholungsgebiet mit
außergewöhnlich schönen Ein- und Ausblicken.

Mariendorfer Damm, Alt-Mariendorf
U 6 Alt Mariendorf
Bus X76, 176, 177, 179, 181, 277, 376 Alt-Mariendorf

Zwischen 1923 und 1934 wurde ehemaliges, von Seen und Tüm-
peln durchzogenes Ackerland von dem damaligen Bezirksgarten-
direktor Rolf Fischer zu einem Volkspark umgestaltet. Eine weitsichtige
stadt- und sozialpolitische Maßnahme, besonders angesichts der finanz-
schwachen Weimarer Republik. Fischer schuf eine für die 20er Jahre
typische architektonische Grünanlage, die gleichzeitig das vorhandene,
durch die letzte Eiszeit geprägte Relief einer Schmelzwasserrinne geschickt nutzte. Der Park ist entlang einer Ost-West Achse ausgerichtet;
nach dem Kastanienwäldchen am Mariendorfer Damm mit anschlie-
ßendem Teich - dem ersten Modellbootteich Berlins - folgt ein reich
bepflanzter, streng formal gestalteter Sommerblumengarten. Dahinter
liegt eine große Sportanlage, dessen Einzäunung den Gesamteindruck
allerdings empfindlich stört. Der südliche Teil des Parks, ebenfalls axial
ausgerichtet, umfaßt einen Rosengarten, der mit einer Terrassierung in
den Sommerblumengarten führt. Von dort gelangt man über eine
Treppenanlage zu dem tiefergelegenen Sumpfgarten. Weitere Treppen
leiten hinauf zu dem von Linden gerahmten Azaleengarten. Dort sieht
man den entzückenden „Kinderbrunnen" von Waldemar Berger, 1910.

Höhepunkt dieser vielfältig gegliederten Anlage ist jedoch ein auf-
geschütteter, für Berliner Verhältnisse relativ hoher Berg, von dem man

Modellbootteich im Volkspark Mariendorf

eine weite Sicht auf den Stadtteil und den darunterliegenden Park hat. Dieser schöne Blick wurde erst 1999 durch aufwendige Abholz- und Aufpflanzmaßnahmen wieder hergestellt.

TIPP *Der Teich des Volksparks ist bis heute Dorado und Treffpunkt der Berliner Modellbootbauer. Kein Wochenende, an dem man nicht Viermaster und Schlachtschiffe en miniature bewundern kann. Publikumsapplaus erhalten regelmäßig die Feuerlöschboote, wenn sie aus vollen Rohren die übrigen Modelle naßspritzen.*

Gartenpartie im Botanischen Garten

BOTANISCHER GARTEN

Der ehemalige Obst- und Gemüsegarten des Kurfürsten Friedrich Wilhelm machte eine erstaunliche Karriere: nach einem Standortwechsel um die Jahrhundertwende avancierte der Garten heute zum Mekka für alle Botaniker weltweit.

🚌 Königin-Luise-Straße 6-8 und
Unter den Eichen 5-10/ Botanischer Garten
S 1 Botanischer Garten, Bus 101, 183, X83 Königin-Luise-Platz/
Botanischer Garten,
Bus 148 Unter den Eichen/ Botanischer Garten

*A*ls Kurfürst Friedrich Wilhelm 1679 von seinen siegreichen Feldzügen zurückkehrte, gründete er auf dem ehemaligen Gelände des Hopfengartens (mit Brauerei) an der Potsdamer Straße einen Obst- und Küchengarten. Die Verwüstungen des dreißigjährigen Krieges hatten zu einem derartigen Verfall des Anbaus von „Baumfrüchten, Kohl und Gemüskräutern" geführt, dass oft „Obst, Blumenkohl, Sellerie u. dergl." für die fürstliche Tafel mit der Postkutsche aus Hamburg, Braunschweig und anderen Städten herbeigeschafft werden mußte. So beschreibt Friedrich Nicolai 1786 die Entstehung des Botanischen Gartens in Berlin.

Es entstand dort vor mehr als dreihundert Jahren eine botanische Sammlung, besonders von Nutzpflanzen, die nicht nur zur Information und Weitergabe an die Landbevölkerung diente, sondern die mit ihren Kräuterbeeten und Sommerblumen auch ein dekoratives Schaustück darstellte. Nachdem später der Garten öffentlich wurde, zählten deshalb nicht nur Botaniker zu den Besuchern.

Folgende Seiten: Zentrales Gewächshuus im Botanischen Garten

So heißt es in dem Fremdenführer für Berlin, Potsdam, Charlottenburg, von Johann Daniel Friedrich Rumpf, Berlin 1826: *In Schöneberg vor dem Potsdamer Thor liegt der Königlich Botanische Garten, der über 12.000 Arten von Gewächsen und sehr viele große Gewächshäuser enthält. In demselben wohnt der Gartendirektor Otto, der außer dem eintrittsfreien Mittwoch Einlaßkarten erteilt.*

Ende des 19. Jahrhunderts hatte sich die Bebauung um den Botanischen Garten dermaßen verdichtet, dass weder genügend Luft noch Sonne für die Pflanzen zur Verfügung standen. Außerdem litten viele Gewächse unter der innerstädtischen Luftverschmutzung. Der Raum wurde zudem knapp: die Anzahl der Pflanzen war beträchtlich gestiegen und hinzu kam, daß der Garten mehr und mehr als Parkanlage von der Bevölkerung genutzt wurde - man drängelte sich mit den Wissenschaftlern. Um die Jahrhundertwende wurde er dann nach Steglitz verlegt, an seinem ursprünglichen Ort befindet sich jetzt der Kleistpark.

Der Architekt Alfred Koerner schuf in den Jahren 1897 bis 1903 die jetzige parkartige Anlage im Stil von Peter Joseph Lenné und Gustav Meyer. Die von Koerner entworfenen Gebäude, u.a. eine Rosenlaube, ein Sitzpavillon mit Kupferdach, eine Japanlaube und eine Vorlesungshalle, sind noch erhalten. Schloßähnlich thront auf einer Anhöhe der große Komplex der **Gewächshäuser**. Man erreicht diesen inhaltlichen Mittelpunkt des Gartens vom Eingang am Königin-Luise Platz über die sog. Engler-Allee. Adolf Engler war der erste Direktor dieses Botanischen Gartens und auch sein bedeutenster und produktivster: Unzählige Publikationen stammen von ihm und er brachte erfolgreich eine neue Zielrichtung des Botanischen Gartens auf den Weg. Durch die sogenannten Schutzgebiete, Süd-West-Afrika, die Tonga-Inseln etc. kam neues Pflanzenmaterial nach Berlin und es entwickelte sich eine Art „Clearingstelle" hierfür. Außerdem wurde der Bereich der Forschung und Lehre stark ausgeweitet.

Heute ist der Botanische Garten in Dahlem ein Mekka für alle Botaniker weltweit. Mit 43 ha Fläche, davon 2 ha unter Glas, 1.300 qm

Museum, 300.000 Titeln in der Bibliothek, 18-20.000 lebenden Arten und 4 Mio Exemplaren im Herbarium nimmt er eine absolute Spitzenstellung ein. Die enzyklopädische Breite der Sammlungen ist außergewöhnlich, so werden z.B. im Garten alle Vegetationstypen der gemäßigten Zonen der Welt gezeigt. Aber nicht nur für den Fachbesucher ist die Adresse eine Reise wert:

Ein ausgedehnter Park mit wunderschönen Bäumen, Wasserbecken und Staudenbeeten kann zu längeren Spaziergängen genutzt werden. Bänke zum Ausruhen stehen an prominenten Blickpunkten, und die Gewächshäuser enthalten tropische Vielfalt. In dem Glashauskomplex, dem nördlichen Innenhof, befindet sich übrigens eine Nachbildung des Kurfürstlichen Gartens mit Pflanzen aus dem 17. Jahrhundert. Damit gelangt der Betrachter an den Ursprung dieses wunderschönen Gartens zurück.

TIPP *Direkt am Eingang Königin-Luise-Straße liegt das* **Botanische Museum**. *Die Dauerausstellung wirkt etwas angestaubt, ist aber didaktisch bemüht. Hochinteressant, wenngleich sehr speziell, sind die Sonderausstellungen. Öffnungszeiten Botanisches Museum: Dienstag bis Sonntag von 10 bis 17 Uhr.*

Öffnungszeiten Botanischer Garten: Täglich ab 9 Uhr bis zu den jahreszeitlich sehr unterschiedlichen Schließzeiten, die zwischen 21 Uhr im Juli und 17 Uhr im Dezember variieren. Im Sommer werden jeden Sonntag um 11 Uhr populärwissenschaftliche Führungen zu einzelnen Pflanzengruppen angeboten. 🌿

Mittelmeerhaus, erbaut 1900-1909

MEXIKOPLATZ

Nach einer denkmalpflegerisch vorbildlichen Restaurierung
der Grünanlage in den 80er Jahren zählt dieser Platz zu den
schönsten Berlins.

Zugang Wer nicht mit der S-Bahn zum Mexikoplatz fährt,
was sich aber wegen des schönen Bahnhofs anbietet,
erreicht die prächtige Anlage von Norden kommend
über die Argentinische Allee, vom Süden über die
Lindenthaler Allee

🚌 Zehlendorf, S 1 Mexikoplatz
Bus 112, 629 Mexikoplatz

*A*uf dem Weg nach Glienicke sollte man nicht versäumen, von der
Potsdamer Chaussee einen kleinen Abstecher über die
Lindenthalerallee zum Mexikoplatz zu machen. Dieser reizende Platz
vor dem gleichnamigen S-Bahnhof ist mit der Entstehung der
Eisenbahnlinie Berlin-Potsdam verbunden. Sowohl für den Bahnhof als
auch für die Bebauung und Gestaltung des vorgelagerten Platzes wurden 1903 verschiedene Architekturwettbewerbe ausgeschrieben.

Emil Schubert, Gartendirektor der Gemeinde Zehlendorf, gestaltete
den Platz nach 1910 auf der Grundlage einer Planung von Gustav A.
Fintelmann.

Der durch die in Zweiergruppen zusammengefaßten Wohn- und
Geschäftshäuser entstandene Platz zeichnet sich durch Rasenkom-
partimente aus, die mit gleichartigen Blumenrabatten versehen sind.
Zwei Springbrunnen beidseitig der Argentinischen Allee schmücken den
Platz und betonen die symmetrische Gesamtform. Durch den Rückbau
der in den 60er Jahren verbreiterten Argentinischen Allee, die Sanierung
der Gebäude, die durch die Denkmalpflege vorbildliche Restaurierung
der Grünanlage und die Wiedergewinnung erster Vorgärten zählt der

Der Mexikoplatz, ein typischer Schmuckplatz

Mexikoplatz zu den besonders reizvollen Stadtplätzen in Berlin. Der Bahnhof im Jugendstil und die nach altem Vorbild gestalteten Laternen und Straßenschilder ergänzen dieses Beispiel der Gartenkunst aufs Feinste. 🌿

VILLENGARTEN MARLIER, HAUS DER „WANNSEE-KONFERENZ"

Haus und Garten Marlier stellen in doppelter Hinsicht ein bedeutendes Kulturdenkmal dar. Der Garten verkörpert in einzigartiger Weise den reformorientierten modernen Gartenstil des frühen 20. Jahrhunderts; die Villa ist eine nationale Gedenkstätte von erheblicher internationaler Bedeutung, denn hier fand die berüchtigte Wannsee-Konferenz statt, auf der die endgültige Vernichtung der Juden durch die Nationalsozialisten beschlossen wurde.

Zugang   Am Großen Wannsee 56-58, Zehlendorf
die erwähnte Villa Liebermann trägt die Hausnummer 42

🚌   Bus 114 Haus der Wannsee-Konferenz

*D*er Architekt der 1909 errichteten Villa war Paul Baumgarten (1873-1946), der sich u.a. schon mit dem Bau der benachbarten Villa Liebermann einen Namen gemacht hatte. Die Denkmalpflege geht davon aus, dass Baumgarten zugleich auch die Grundstrukturen des Gartens - gemeinsam mit dem Ehepaar Marlier - entworfen hat.

Die im Zentrum des großen Gartens liegende Villa ist zugleich an die äußerste Hangkante mit weitem Blick auf den tieferliegenden Wannsee gerückt. Ein rechtwinklig geführtes Wegenetz erschließt den hausnahen Gartenbereich, vor dem ehemaligen Eßzimmer liegt ein abgesenktes Blumenparterre mit einem Marmorbrunnen und Hochstamm-Rosen. Auf der Wasserseite befindet sich die große Terrasse, von der aus der Blick über das niedriger liegende Rasenparterre mit seiner monumentalen Krater-Vase aus Marmor zu einer „Bastion" führt. Hier schaut man auf den tief unten liegenden Spazierweg am Wasser. Nördlich schließt sich der geometrische Waldgarten an.

Von der Terrasse der Villa Marlier schweift der Blick auf den Wannsee

Kastanienallee im Garten Marlier

Zahlreich erhaltene Eiben, Lebensbäume, Douglasien, Lärchen, Sumpfzypressen, Gingkobäume und Blaufichten zeugen von der Gartenbegeisterung und dem Sammeleifer der früheren Besitzer. Eine Besonderheit stellt sicherlich die Birken-Rhododendronallee dar, die nach englischem Vorbild einen gepflegten Rasenweg rahmt, der, mit einigen weißen Bänken geschmückt, einen achsialen Bezug zwischen einer Hermes-Statue und der Pavillon-Neugierde herstellt. Desweiteren gibt es eine Kastanienallee, die entlang der Hangkante geführt wird; auf ihrem Weg steht wie ein Kunstwerk säulenartig eine Kiefer.

Landschaftlich geschwungene Wege führen zu zahlreichen Garten-ausstattungen, z.B. einem Bootshaus, der Neugierde, der Bastion, einem Gewächs- und einem Torhaus, einer Exedra sowie diversen Bänken und Treppen. Ausgewählte Skulpturen, die zugleich in geschickter Weise Blickpunkte bestimmter Sichtachsen bilden, unterstreichen den hohen gartenkünstlerischen Reichtum.

Das wunderschöne Gewächshaus ist glücklicherweise noch erhalten, es dient heute als Cafeteria. Und in dem Nutzgarten hat man eine Vielzahl der alten Obstsorten wieder angepflanzt. So vermittelt der Garten Marlier durch die hervorragende gartendenkmalpflegerische Wiederherstellung fast alle Facetten einer einst reichen Berliner Gartenkultur am Wannsee.

Der weite Weg aus der Stadt hierher lohnt deshalb. Nebenan lockt dazu noch der „Flensburger Löwe", die Kopie eines dänischen Siegesdenkmals des Thorvaldsen-Schülers Bissen, und schöne Spaziergänge entlang des Wannsees und durch den Berliner Forst.

TIPP *Am 20. Januar 1992 wurde im Haus der Wannsee-Konferenz aus Anlaß des 50-jährigen Jahrestages der Wannsee-Konferenz die Gedächtnisausstellung "Erinnern für die Zukunft" eröffnet. Sie erinnert an die Konferenz und die auf ihr beschlossene "Gesamtlösung der Judenfrage" (Der Begriff "Endlösung" tauchte erst später auf). Öffnungszeiten: Montag bis Freitag von 10 bis 18 Uhr, Sonnabend und Sonntag von 14 bis 18 Uhr.*

Spandau

Havelland

Kladow

41

Ritterfeldsdamm

Kladower Damm

Potsdamer Chaussee

2

Sacrower See

Sacrower Landstr.

Havel

Kladower Str.

Pfaueninsel

40

Schloß

38

An Großen Wannsee

Großer Wannsee

Nikolskoer Weg

Pfaueninselchaussee

Zehlendorf

Königstr.

Volkspark
Glienicke

39

Schloß
Glienicke

Königstr.

1

Glienicker
Brücke

Kohlhasenbrücker Str.

Potsdam

Rudolf-Breitscheid-Str.

S

GLIENICKE

Konzipiert als Teil der grandiosen Kulturlandschaft Berlin-Potsdams stellen die Anlagen von Klein-Glienicke in ihrer Einheit von Architektur und Garten ein herausragendes, den Geist des Klassizismus und der Romantik wiederspiegelndes Gesamtkunstwerk dar. Seit 1990 ist Glienicke Welterbe der Unesco.

Zugang Der Landschaftsgarten Glienicke liegt an der Königstraße,
   das Schloss hat die Hausnummer 30, Zehlendorf

🕐 Das Schloss ist in der Zeit vom 15. Mai bis 15. Oktober an den
   Wochenenden von 10 bis 17 Uhr geöffnet. Dann sind hier
   wechselnde Ausstellungen zu gartenspezifischen Themen zu sehen

🚌 Bus 116 Schloss Glienicke bzw. Glienicker Brücke

*G*artengeschichtliche Bedeutung erlangte Glienicke zuerst durch den Reichsgrafen Lindenau, der zwischen 1796 und 1806 die ersten Arbeiten im landschaftlichen Stil vornehmen ließ. 1812 kaufte Fürst Hardenberg den Besitz und beauftragte den jungen Peter Joseph Lenné mit der Anlage eines „pleasuregrounds" in dem Dreieck nördlich der Königstraße zwischen Havel und Gutshaus. Es wurde die erste Arbeit Lennés in Preußen und sie ist als das früheste und hochbedeutende Beispiel dieses Elements des klassischen Landschafts-gartens anzusehen.

Für die seit 1978 laufenden gartendenkmalpflegerischen Wiederherstellungsarbeiten gilt der 1850 erreichte und später nicht mehr wesentlich veränderte Zustand. Anliegen der Denkmalpfleger war und ist es, je nach Standort wechselnde Sichtbeziehungen und Fernsichten in die Havellandschaft und nach Potsdam wiederherzustellen, das Wegenetz mit immer neuen Ausblicken und Höhensituationen wieder

Folgende Seiten: Pergola am Casino im Pleasureground von Klein-Glienicke

Pleasureground mit der kleinen Neugierde und Schloss im Hintergrund

erlebbar zu machen und mit den urspünglichen Gestaltungselementen wie Kunstwerken, den wundervollen korbartigen Blumenbeeten, Brunnen, Bänken und Sitzplätzen auszustatten sowie den Gartenbereich erneut mit reichhaltigen, raumbildenden Gehölzen zu versehen. Diese auch international beachteten Arbeiten konnten mittlerweile weitgehend abgeschlossen werden.

Nach dem Tod Hardenbergs, dessen Schwiegersohn übrigens der „Grüne Fürst" Pückler war, ging 1824 Glienicke in den Besitz des Prinzen Carl von Preußen über. Er ließ das Gelände bis hin zum Nikolskoer Weg durch Lenné als Landschaftspark gestalten, die alten Gebäude wurden von Schinkel umgebaut und neue hinzugefügt. Ganz im Stil der damaligen Sehnsucht nach dem sonnigen Italien, der Wiege des Abendlandes, wurden entsprechende Bauelemente und Pflanzen verwendet. Beeindruckendes Beispiel ist das **Casino** (1824 von Schinkel erbaut) mit den seitlichen Pergolen und dem weiten Blick über die Havel. Ebenfalls einem klassischen Vorbild nachempfunden, nämlich dem Brunnen einer

Löwenfontäne nach italienischem Vorbild in der Achse des Schlosses

Medici-Villa, ist die Löwenfontäne vor dem Sommerschloss. Kurz vor der Glienicker Brücke liegt auf der Spitze des **Pleasuregrounds** die sogenannte **Große Neugierde** (1835-37 von Schinkel erbaut), von der ein weiter Blick über die Havellandschaft möglich ist. An dieser Stelle kann der Betrachter die großartige Idee der Kulturlandschaft Berlin-Potsdam nachempfinden.

Südlich der Königstraße liegt der **Jagdschlosspark**, der ebenfalls unter der Regie des Prinzen Carl von Peter Joseph Lenné gestaltet wurde. Hier hat man auf das Element Pleasureground (Blumengarten) verzichtet; der landschaftliche Park reicht bis unmittelbar an das Schloss heran. Die denkmalpflegerischen Restaurierungsarbeiten begannen 1984 auf der Grundlage eines gartenarchäologischen Grabungsprogramms und dem historischen Plan von 1862. Rund 20.000 m³ angeschütteter Boden wurden entfernt, das Wegenetz und der Teich wiederhergestellt und zugewachsene Ausblicke auf die Havellandschaft freigelegt.

Damit können sich nun wieder zwei wichtige Blickbeziehungen aus dem Pleasureground über den Jagdschlosspark hinweg frei in Richtung Potsdam entfalten. Eine wesentliche Forderung Lennés, nämlich „Herr der Aussichten" in der wasserreichen Havellandschaft zu sein, wurde damit erfüllt.

Zu dem Landschaftsgarten Klein-Glienicke gehört auch der **Böttcherberg**, südlich der Königstraße gelegen, der das wichtigste Verbindungsglied zum Babelsberger Schlosspark darstellt. Von hier aus konnte man im 19. Jahrhundert sowohl Potsdam als auch vier Seen - Jungfernsee, Weißer See, Krampnitzsee und Griebnitzsee - erkennen. Glanzpunkt des Böttcherberges ist die 1869 von E.A. Petzholtz und dem Bildhauer A. Gilli geschaffene Loggia Alexandra. Prinz Carl ließ sie nach dem Tod seiner Lieblingsschwester Charlotte errichten, die nach ihrer Heirat mit dem späteren Zaren Nikolaus I. den Namen Alexandra Feodorowna angenommen hatte. Die kunstgeschichtlich höchst wertvollen pompejanischen Fresken im Inneren der Loggia werden zur Zeit restauriert.

Insgesamt bilden die Anlagen um das Sommerschloss, der Pleasureground, der riesige Landschaftspark im Norden, der Böttcherberg und der Bereich des Jagdschlosses Glienicke gemeinsam ein einzigartiges Dokument der Gartenkultur des 19. Jahrhunderts, zu deren Entstehung die großen Künstler ihrer Zeit - Lenné, Pückler, Schinkel und Persius - beigetragen haben und deren Verwirklichung dem Prinzen Carl und seiner „Landesverschönerung" zu verdanken ist.

TIPP *Wer sich für die jüngste deutsche Geschichte interessiert, der kommt um einen Besuch der nahegelegenen* **Glienicker Brücke** *nicht herum. Diese Brücke über die Havel, die Berlin mit Potsdam verbindet, wurde zu DDR-Zeiten in "Brücke der Einheit" umgetauft. In Höhe der Brückenmitte verlief die Staatsgrenze. Der hier eingerichtete Grenzübergang diente der Übergabe politischer Häftlinge und dem Austausch von Agenten.*

Ansicht des Schlosses Glienicke, Gemälde von C.D. Freydank, 1838

Aussicht aus dem Park des Prinz Carl, Gemälde von C.D. Freydank, 1847

PFAUENINSEL

Die Pfaueninsel ist ein seltenes Beispiel einer in sich geschlossenen Anlage von hohem kultur- und naturgeschichtlichen Wert. Belebend für alle Sinne. Schon das Übersetzen mit dem Kahn macht neugierig. Der Spaziergang, die Insel zu umwandern, dauert ca. 1 Stunde. Nimmt man sich aber Zeit, die Häuser zu besichtigen und an prominenten Aussichtspunkten in Muße zu verweilen, kann ein Tagesausflug daraus werden.

Zugang   Man erreicht die Pfaueninsel über eine kleine Fähre, die zwischen der Anlegestelle Nikolskoer Weg/Pfaueninselchaussee und dem Anleger vor dem Lustschloss in Zehlendorf verkehrt

🕐   Die Pfaueninsel ist ganzjährig täglich geöffnet. In den Sommermonaten ist die Insel von 8 bis 20 Uhr geöffnet, zu den übrigen Jahreszeiten sind die Öffnungszeiten teilweise stark eingeschränkt. Man tut also gut daran, sich den Abfahrtstermin der letzten Fähre zu merken, wenn man die Nacht wieder auf dem Festland verbringen möchte!
Das Schloss ist von April bis Oktober Dienstag bis Sonntag von 10 bis 17 Uhr geöffnet

🚌   Bus A16 Pfaueninsel

*B*evor Friedrich Wilhelm II. hier diese dekorativen Vögel aussetzte, hieß die Insel Kaninchenwerder. Ihr erster bekannterer Bewohner war am Ende des 17. Jahrhunderts der berühmte Chemiker Johann Kunckel von Löwenstern, der über die Glasherstellung schrieb und ein Laboratorium chemicum herausgeben hatte. Sein Domizil war ein Bauerngut in Kladow, und für seine Experimente hatte ihm Friedrich I. die Insel zur Verfügung gestellt.

„Friedrich Wilhelm II. machte nach Vollendung des Marmorpalais öfters Wasserfahrten auf der Havel. Um nun einen Landungsplatz und

Fontäne auf der Pfaueninsel von 1825

Ruhepunkt auf solchen Lustparthien zu haben, kaufte er den Kaninchenwerder, verschönerte ihn durch Gartenanlagen und ließ daselbst von 1794 bis 1797 verschiedene Gebäude aufführen", schreibt Herr Rumpf 1826 in seinem Fremdenführer.

Es wurden Pfauen ausgesetzt und die 76 ha große Insel erhielt ihren jetzigen Namen. Zunächst wurde die Insel als Teil des Neuen Gartens am Heiligen See in Potsdam verstanden, von dort sollte das auf der Westspitze der Insel liegende Sommerschlößchen zu sehen sein - es wurde deshalb blendend weiß gestrichen. Ebenso die ruinenartig gestaltete gotische Meierei, die vom Wasser aus sichtbar das sie umgebende Grün überragt.

Die Gestaltung durch Friedrich Wilhelm II. zielte auf ein romantisches Elysium in eleganten Ausformungen, Ort für Rendesvouz und Geselligkeiten. Damals moderne Vorlieben, z. B. für Südsee-Zauber á lá Tahiti, finden sich in den Dekorationen des Schlosses wieder. Friedrich Wilhelm III. dagegen entdeckte die Insel als Möglichkeit für eine „ornamental farm", eine idealisierte bäuerliche Anlage, stark dekorativ verfremdet, mit Rinderställen, Hofgärtnerei, Büffel- und Hirschgehege. Auch eine Anzahl weiterer kunstvoller Gebäude fällt in seine Amtszeit. Er ließ 1822 bis 1834 die Insel von Peter Joseph Lenné umgestalten, der durch seine berühmte Kunst der Wegeführung und Gehölzgruppierung Ausblicke und Bilder von einmaliger Schönheit schuf. Schon 1838 war

die Insel für die Öffentlichkeit zugänglich gemacht worden - die dort gehaltenen Tiere wurden unter Wilhelm IV. im Jahre 1842 nach Charlottenburg verbracht und bildeten den Grundstock für den zoologischen Garten - 1924 wurde

Schloss mit gusseiserner Brücke

die Pfaueninsel unter

Naturschutz gestellt. Da sie bis heute nie „fremdgenutzt" worden ist und sie eine kontinuierliche Pflege erhalten hat, konnte ihr inzwischen fast 200-jähriges „Gesicht" erhalten bleiben.

Lohnend ist ein Spaziergang entlang des sog. Stellweges - nach der Überlieferung so genannt, weil dort im Sommer viele Kübelpflanzen aufgestellt wurden - nach einem sehr detaillierten Plan des Museumspädagogischen Dienstes Berlin, der Schritt für Schritt die Besonderheiten, die Geschichte und die Blickachsen zeigt. Es ist reizvoll, „die Spannung zwischen der Führung des Auges und der Lenkung des Fußes" zu erleben.

Das Rauchen auf der Insel ist übrigens schon seit mehr als 150 Jahren verboten - früher wegen der mangelnden Schicklichkeit, heute wegen der Brandgefahr.

TIPP *Eine richtige Gastronomie existiert auf der Pfaueninsel nicht, aber die Liegewiese zwischen Kavalierhaus und Königin-Luise-Tempel ist ein idealer Picknickplatz, also am Besten einen gut gefüllten Korb mitnehmen. Hunde sind auf der Insel verboten!*

Berlins berühmtestes Ausflugslokal, das **Blockhaus Nikolskoe***, bietet im Nikolskoer Weg Nr. 15 müden Wanderern Speis und Trank - und zwar ganz legal. Das war nicht immer so, denn einst betrieb in dem im russischen Stil 1819 errichteten Holzhaus der Leibkutscher des Zaren eine illegale Schankwirtschaft.* 🌿

Der Museumspädagogische Dienst Berlin bietet sehr schöne Gartenpläne zu vielen Berliner Gärten und Parks an:

Museumspädagogischer Dienst Berlin
Chausseestr. 123, 10115 Berlin
Telefon 030/28 39 73

GUTSPARK NEU-KLADOW

Zwar etwas schwer zu erreichen, aber durch sein abwechslungs-
reiches Gesicht und die malerischen Ausblicke zur Havel ist der
Park ein lohnendes Ausflugsziel.

Zugang   Man erreicht den Gutspark Neu-Kladow über die
         Neukladower Allee, die von der Hauptstraße
         Kladower Damm abgeht
🚌   Neukladower Allee, Spandau
         Bus X34, 134 Krankenhaus Havelhöhe

*E*ine Fahrt zu dem westlichen Ufer der Havel zum Gutspark Neu-
Kladow ist etwas umständlich, muß man doch entweder über
Potsdam oder Spandau mit dem Auto einen weiten Bogen schlagen
oder eine Bootsfahrt von Wannsee herüber unternehmen, aber der
Aufwand lohnt! Das Gut gehört heute zu den landschaftlich schönsten
Parkanlagen Berlins.

Anastasius Ludwig Mencken, der Großvater Bismarcks, erhielt 1799
von Friedrich Wilhelm III. das ehemalige Lehnschulzengut in Erbpacht.
Er ließ 1800 von David Gilly das Gutshaus erbauen und schuf gleichzeitig den 90 Morgen umfassenden Gutspark. Nach häufigem
Besitzerwechsel übernahm der Bauunternehmer Robert Guthmann die
heruntergewirtschaftete Anlage, die er 1909 seinem Sohn, dem
Kunsthistoriker Dr. Johannes Guthmann zur Nutzung überließ. Dies war
der Beginn der bedeutendsten Epoche Neu-Kladows.

Bis 1912 gestaltete Johannes Guthmann zusammen mit bedeuten-
den Persönlichkeiten seiner Zeit den Garten um. Paul Schultze-
Naumburg war sein Architekt; unter seiner Regie entstanden
Neubauten wie die Torhäuser, der Gartenpavillon, Pergolen und die den
Park umgebende Mauer. Bei der Anlage des heute noch erkennbaren

Aus dem Gutspark Neu-Kladow sind weite Blicke über die Havel möglich

Naturtheaters war auch Max Reinhard beteiligt. Dem Herrenhaus fügte man an der Ostseite - auf das Havelufer ausgerichtet - eine halbrunde Veranda an, darüber einen von sechs dorischen Säulen getragenen Balkon. Der schwedische Architekt Alfred Grenander konzipierte die Inneneinrichtung und Max Slevogt schuf die berühmte Wandbildfolge im Gartenpavillion. Tierplastiken des Bildhauers August Gaul zierten die Parkanlage, die von Karl Foerster - dem großen Staudenzüchter - bepflanzt worden war. Es gab ein Blumenparterre mit Wasserbecken, einen Wildrosenhang, eine berankte Pergola und hinreißende „Sichtfenster" zur Havel.

1929 ging das Gut an die Stadt Berlin über. Erst 1980 wurde die mit Wildwuchs überzogene Anlage auf der Basis einer Grundlagen-forschung im Auftrag der Berliner Gartendenkmalpflege vorsichtig restauriert. Durch Gehölzpflegemaßnahmen, Wiederherstellung der Wiesenräume, Rekonstruktion des Wegenetzes und die Freischneidung der Sichtachsen ist der Landschaftspark Neu-Kladow mit seinen beeindruckenden Alleen, dem alten Baumbestand, der abwechslungsreichen Topografie und den malerischen Ausblicken zur Havel ein beeindruckendes Zeugnis der Gartenkultur.

TIPP *Besucher sollten eine kleine Wanderung am Havelufer entlang unternehmen. Am Gutspark trägt der Weg sogar einen Namen: Ernst-Liesegang-Ufer. Im Sommer bietet sich hier auch die Möglichkeit zu einem erfrischenden Bad in der Havel.* 🌿

Blumengarten in Neu-Cladow, Max Slevogt, 1912

SCHLOSS TEGEL

Gegründet 1766 von Alexander Georg von Humboldt, angeregt durch den Landschaftspark Wörlitz, entstand eine Anlage, von der auch Theodeor Fontane fasziniert war. Da der Gesamtkomplex Tegel heute noch von den Erben Humboldts bewohnt wird, ist der Park nur eingeschränkt geöffnet.

Zugang   Der Park wird von den Straßen Schwarzer Weg und Karolinenstraße
umschlossen. Das Schloss liegt an der Adelheidallee, der Verlängerung
der kleine Straße an der Mühle, die von der Karolinen Straße abzweigt
Reinickendorf, U 6 Alt Tegel
Bus 120, 133, 124, 222 An der Mühle

*D*ie 1850 von Gottfried Keller geschriebene Zeile „Es glänzt ein stilles weißes Haus, aus stillen grünen Kronen ...." beschreibt den schlichten Zauber, den der Schloßpark Tegel auch heute noch ausstrahlt. Seine Entstehung reicht bis 1766 zurück, als Alexander Georg von Humboldt, Vater der berühmten Brüder Wilhelm und Alexander, begann, die Gutsanlage umzugestalten, angeregt durch den Landschaftspark Wörlitz und mit Unterstützung des Hauslehrers der Kinder, Gottlieb Christian Kunth. Schon in einer Reisebeschreibung von 1779 wird ein Besuch von Tegel erwähnt, indem „der Kammerherr Humboldt schöne Spazierörter nicht nur im engländischen Geschmack, sondern auch im wilden, mehrerenteils von amerikanischen Bäumen anlegte". Die noch heute im Park vorkommenden amerikanischen Roteichen, der Amerikanische Zuckerahorn, die Weymouthskiefer und der Amerikanische Geweihbaum bestätigen diese Beschreibung. Die beiden berühmten Eichen im Park, die „Dicke Marie", deren Alter auf 800 Jahre geschätzt wird, und die „Humboldt-Eiche", mit ca. 400 Jahren, sind jedoch mittelalterliche Pflanzrelikte. Die große, 1792 anstelle einer Maulbeerbaumreihe gepflanzte **Lindenallee** ist heute ein monumentales Naturdenkmal, sie bildet gleichsam den südlichen Abschluss des Gartenraumes. Die

Klassizistisches Schloss Tegel, umgebaut von Karl-Friedrich Schinkel

nördliche Begrenzung war damals ein Weinberg, heute ist der Höhenzug bewaldet und ein willkommener Schutz gegen die dahinterliegende Straße. Parallel zu der großen Allee führt immer noch der sogenannte Sommerweg, auf dem die Ackerwagen und das Vieh entlangzogen. Der Spaziergang durch die Allee war den feinen Leuten vorbehalten.

Wilhelm von Humboldt, der 1802 zum alleinigen Eigentümer Tegels wurde, entwickelte die Parkanlagen im Sinne eines nach klassischem Vorbild gedachten Landsitzes weiter. Umfangreiche Forschungen haben übrigens deutlich gemacht, daß hier ausnahmsweise nicht Lenné der Schöpfer der Tegeler Anlagen ist. Es handelt sich vielmehr um eine, den Wörlitzer Anlagen im Stil - nicht jedoch in der Größe - durchaus vergleichbare, sogenannte „ornamental farm", eine mit landwirtschaftlichen und gartenbaulichen Elementen vermischte Gartenanlage, in der sich sinnvollerweise das „Schöne mit dem Nützlichen" verbindet.

Das Erscheinungsbild des Parkes wird schließlich entscheidend durch die Bautätigkeit Karl Friedrich Schinkels bestimmt: Einmal durch den Ausbau des Schlosses zwischen 1820-24, dann durch die Anlage des Familiengrabes am westlichen Ende der Parkwiese. Schinkel entwarf die Grabstätte mit der Statue der Hoffnung von Thorvaldsen auf einer ionischen Porphyrsäule vor einer Exedrabank nach antikem Vorbild. Die von Hecken gefasste, bis heute in Nutzung befindliche Grabanlage, der freie Blick über die große Wiese - ein nach antikem Vorbild hippodromförmig ausgebildeter Raum, eingerahmt von der imposanten Allee und dem parkartigen Wald - sowie das in der Ferne liegende weiße Schloss, all das läßt eine Atmosphäre von beeindruckender Stille entstehen.

Schon gegen Ende des 18. Jahrhunderts war der Park nicht zuletzt wegen seiner landschaftlichen Schönheit ein gern besuchter Ort. Damals konnte man allerdings von dort noch auf den Tegeler See und die umliegenden Dörfer, bis nach Spandau, schauen. Theodor Fontane, der Tegel in seinen märkischen Wanderungen mit besonderer Liebe und Erfurcht „besang", war nicht der einzige prominente Besucher, der von Park und Landschaft fasziniert war.

In direkter Nachbarschaft liegt Berlins zweitgrößtes Waldgebiet, der Tegeler Forst und ein schöner, ausgedehnter Spaziergang entlang des Tegeler Fließ führt über den Hermsdorfer See bis nach Lübars.

TIPP   *Das Schloß firmiert heute als* **Humboldt-Museum**, *in dem auch die wertvolle zeitgenössische Einrichtung wieder zur Geltung kommt. Es läßt sich nur im Rahmen einer Führung besichtigen, jedenfalls von Mai bis September; immer Montags um 10, 11, 15 und 16 Uhr.*

Architekturbegeisterte besuchen auch den **Tegeler Hafen**. *Das ist kein Hafen (mehr), sondern ein international berühmtes Beispiel für den Städtebau im Stil der Postmoderne. Das Areal, erschlossen über die Straße Am Tegeler Hafen, avancierte zu einem Mekka junger Architekten.*

ZELTINGER-LUDOLFINGER PLATZ, GARTEN DES BUDDHISTISCHEN HAUSES

Ganz im Norden Berlins, im Zentrum der 1910 eingeweihten Villen- und Landhauskolonie Frohnau befindet sich ein gartenarchitektonisches Schmuckstück, das einen Umweg dorthin lohnend macht.

Zugang   Buddhistisches Haus: Edelhofdamm 54. Der Edelhofdamm geht vom Zeltinger Platz ab, das Buddhistische Haus liegt ganz am Ende der Straße (nicht irritieren lassen durch die Einbahnstraßenführung!)

Zeltinger Platz und Ludolfinger Platz, Reinickendorf

S 1 Frohnau, Bus 125, 225 Frohnau

Nach dem Entwurf der Architektengemeinschaft Joseph Brix und Felix Genzmer wurden zwei halbovale Plätze beidseitig der Bahnlinie Berlin-Oranienburg angelegt und durch eine, die tiefergelegenen Gleise überspannende Brücke miteinander verbunden. Die gärtnerische Ausgestaltung übernahm Ludwig Lesser.

Der **Ludolfinger Platz** wird von einer rotblühenden Kastanienallee umrundet, von der fünf Straßen abgehen. Die mittlere, der Sigismund-Korso, ist zu einer großzügigen Promenade mit breitem Grünstreifen im Zentrum ausgebaut worden. Bei der S-Bahnbrücke kann man von einer höher gelegenen Terrasse mit einer riesigen Kastanie auf die Wasserbecken, die von Eibenhecken gefaßten Rosenbeete, weiße Gartenbänke und Puttenfiguren schauen. Früher waren die Grünflächen mit einfachen, schmiedeeisernen Zäunen umgeben.

Der **Zeltinger Platz** ist von weißblühenden Kastanien gerahmt, die auch dieser Platzhälfte einen unverwechselbaren räumlichen Eindruck verleihen. Hier hat man, ebenfalls von der Bahnbrücke kommend, den schönsten Blick von einer kleinen Plattform, die mit einer weinbewachsenen Pergola geschmückt ist. Den Brunnen im Zentrum ziert seit 1980 wieder ein Nachguß der 1930 vom Bildhauer Otto Maerker geschaffenen bronzenen „Kugelläuferin".

Obwohl der den Zeltinger Platz dominierende Turm der Johanneskirche einen anderen Stil verkörpert, ist die Anlage der beiden Plätze und die sie verbindende Brücke von heiterer Leichtigkeit und ein schönes Beispiel für die Gartenkunst des Jugendstils.

Der Doppelplatz ist das Zentrum einer Villen- und Landhauskolonie, die mit weiteren kleinen Schmuckplätzen, Teichen, geschlängelten und mit Bäumen bestandenen Wohnstraßen eine erfolgreich ausgeführte Reißbrettplanung der Stadtentwicklung zu Beginn des 20. Jahrhunderts darstellt. Selbst der Name dieses Vorortes wurde im Rahmen des Wettbewerbes 1907 gefunden. Er sollte wohlklingend und werbend sein. Frohnau wird diesem Anspruch auch in der Realität gerecht.

In Frohnau sollte man übrigens auch den Garten des **Buddhistischen Hauses** am Edelhofdamm besuchen. Die Idee und die Anlage stammen von dem Arzt und Religionswissenschaftler Dr. Paul Dahlke, der nach mehreren Indienreisen und buddhistischen Studien 1924 in Berlin ein Meditationszentrum einrichten wollte. Trotz mancher Veränderungen und verkaufsbedingter Verluste von Grundstücksflächen im Randbereich ist noch immer das Gesamtensemble aus Haus, Garten und umgebender Naturlandschaft ungeschmälert zu erleben. Noch immer kann der Besucher den für uns nach wie vor fremdartigen Charakter der Anlage mit dem im Pagodenstil erbauten Tempel, dem „Elefantentor", dem „Vertiefungsteich", den zahlreichen Treppen, Mauern, Wegen, Lampen und Buddhastatuen bewundern. Auch hier sollen langfristig gartendenkmalpflegerische Maßnahmen zu einem verbesserten Gesamteindruck führen. 🌿

Folgende Seiten: Am Ludolfinger Platz

AUTOREN

Anke Kuhbier, geb. 1943, ist seit 25 Jahren in Kulturpolitik, Denkmalpflege und Gartengeschichte aktiv. Sie ist verheiratet, hat drei Kinder
und arbeitet als freie Autorin. Mitbegründerin und Vorsitzende der
„Gesellschaft zur Förderung der Gartenkultur e.V."

Reiner Elwers wurde 1954 in Hamburg geboren. Er studierte Publizistik
in Berlin. Nach langjähriger Tätigkeit als Lektor in einem Verlag für
Berlin-Brandenburger Regionalliteratur, arbeitet er heute als freier
Reisejournalist und Buchautor. Neben zahlreichen osteuropäischen
Reisezielen ist die faszinierende Hauptstadt Berlin immer wieder Thema
seiner Veröffentlichungen. Nicht nur deshalb lebt und arbeitet er in
Berlin.

Danke

Unser Dank geht an das Landesdenkmalamt Berlin: Dr. Jörg Haspel, Klaus von Krosigk, Gesine Sturm. Und vor allem an die Autorin Anke Kuhbier. Dank auch an Reiner Elwers für die Berlin-Tipps. Großer Dank gebührt auch den Fotografen Wolfgang Bittner und Wolfgang Reuss.

Den Firmen, die dieses Buch durch eine Anzeige unterstützt haben, gilt ebenfalls unser Dank. Durch Ihre Bereitschaft konnten wir die Qualität dieses Buches so hoch ansetzen:

**Fachverband Garten-, Landschafts- und
Sportplatzbau Berlin-Brandenburg e.V., Seite 6**

ADMOS Verlags-AG, Seite 201
Berliner Morgenpost, Seite 185
Bundesgartenschau Potsdam 2001 GmbH, Seite 141
Gärten 1999/2000 Callwey, Seite 196
Garten praxis, Verlag Eugen Ulmer, Seite 198
Herold und Gietz GmbH, Seite 183
Institut für Baumpflege, Seite 199
Buchhandlung Kiepert, Seite 197
Horst Kruse & Sohn, Seite 193
Kusche und Partner Berliner Baumdienst GmbH, Seite 191
Monumente, Seite 190
The MuseumCompany, Seite 184
Museum im Wasserwerk, Seite 188
Museums Journal, Seite 202
Garpa (Beilage)

Der Verlag hat die Anzeigen für die Freunde des Gartenreiches Dessau-Wörlitz (Seite 189), die Stiftung Deutscher Denkmalschutz (Seite 121) und das Landesdenkmalamt Berlin (Seite 179) kostenlos geschaltet.

Fotonachweis

Wolfgang Bittner Seiten 13, 15, 33, 2*37, 45, 48, 49, 55, 59, 60, 65, 72/73, 84, 85, 87, 89, 91, 93, 94, 95, 99, 101, 103, 106, 109, 110/111, 113, 115, 120, 2*123, 127, 130, 132, 136/137, 139, 145, 146/147, 151, 165, 166, 176/177

Wolfgang Reuss Seiten 5, 26, 29, 31, 48, 63, 67, 69, 75, 78, 80, 129, 140, 160, 161, 172, 186/187, 194/195

Gustav Wörner Seiten 29, 186/187, 194/195

Holger Herschel Seiten 41, 42, 77, 117, 143, 153, 154, 169

Archiv Landesdenkmalamt Seiten 31, 63, 67, 69, 75, 127, 140, 158/159, 172

Josef Batzhuber Seite 129

Museumsdienst Berlin Seiten 21, 23, 163

Titel
Wolfgang Bittner, Archiv Landesdenkmalamt Berlin

Rücktitel
Wolfgang Bittner, Wolfgang Reuss

LITERATUR

Lehrbuch der Schönen Gartenkunst Gustav Meyer
Photomechanischer Nachdruck der Originalausgabe von 1860.
5. Aktualisierte und erweiterte Auflage, Berlin 1999, Nikolaische
Verlagsbuchhandlung Beuermann GmbH, 234 S., zahlreiche Abb. u.
ganzseitige Bildtafeln, ISBN 3-87584-784-9, DM 98,-

**Ludwig Lesser (1869-1957). Erster freischaffender Garten-
architekt in Berlin und seine Werke im Bezirk Reinickendorf**
Katrin Lesser u.a. Beiträge zur Denkmalpflege in Berlin, Heft 4, Berlin
1995, Kulturbuch Verlag GmbH, 102 S., zahlreiche Abb., ISBN 3-88961-
152-4, DM 20,-

Der Berliner Tiergarten. Vergangenheit und Zukunft Katrin
Lesser, Folkwin Wendland, Rose u. Gustav Wörner. Beiträge zur
Denkmalpflege in Berlin, Heft 9, Berlin 1996, Verlag Schelzky & Jeep,
92 S., zahlreiche Abb., ISBN 3-89541-126-4, DM 24,80

**Gartenkunst Berlin. 20 Jahre Gartendenkmalpflege in der
Metropole** Berlin 1999, Verlag Schelzky & Jeep, 199 S., zahlreiche
Abb., deutsch-englisch, ISBN 3-89541-145-0, DM 48,-

Das Gartenreich Dessau-Wörlitz Herausgeber Thomas Weiss,
2. Auflage, Hamburg 1998, L&H Verlag, 179 S., zahlreiche Abb.,
ISBN 3-928119-42-7, DM 19,80

Hamburg Grün. Die Gärten & Parks der Stadt Herausgeber
Martina Nath-Esser, Hamburg 1998, L&H Verlag, 289 S., zahlreiche
Abb., ISBN 3-928119-39-7, DM 34,80

Gärten und Parks in Sachsen Bernd Wähner, Hamburg 1997, L&H
Verlag, 109 S., zahlreiche Abb., ISBN 3-928119-26-5, DM 29,80

Übernächste Seiten: Treptower Park

Herold +Gietz GmbH

Garten- und Landschaftsbau
Dachbegrünungen
Quitzowstraße 27-28
10559 Berlin-Tiergarten

Tel.: 030 / 396 99 52
Fax: 030 / 396 99 53
herold-gietz@t-online.de

Ihr kompetenter Ansprechpartner für:

· Hausgärten
· Historische Gärten
· Dachbegrünungen
· Baumpflege
· Baumfällungen
· Teichbau
· Spielplatzbau
· Car-Ports

14 TAGE BERLIN FREI HAUS

Jetzt 14 Tage kostenlos die Berliner Morgenpost probelesen und dabei ebenso umfassend wie detailliert über die Hauptstadt, ihre vielen Bezirke und das Land Brandenburg informiert sein.

Anruf genügt: 030/198 12. Täglich von 8 bis 20 Uhr.

EINFACH MEHR WISSEN

MUSEUM
IM WASSERWERK

Berliner Wasser Betriebe
Museum im Wasserwerk Friedrichshagen
Müggelseedamm 307, 12587 Berlin
Telefon: 86 44 76 95

Das Museum im Wasserwerk Friedrichshagen
zeigt die Geschichte der Wasserversorgung
und Abwasserentsorgung Berlins.
Es wurde in einem 1893 gebauten und 1979
stillgelegten Schöpfmaschinenhaus eingerichtet.
Kernstück des Museums sind die über
100 Jahre alten Verbundkolbenmaschinen,
von denen eine vorgeführt werden kann.
Die gesamte Anlage steht unter Denkmalschutz.

Fahrverbindungen:
S-Bahnhof Friedrichshagen (S3)
Straßenbahnlinie 60 bis Endstation Wasserwerk

Öffnungszeiten April-Oktober:
Mittwoch – Freitag 10.00 – 16.00 Uhr
Samstag, Sonntag, Feiertag 10.00 – 17.00 Uhr

Öffnungszeiten November-März:
Mittwoch – Sonntag, Feiertag 10.00 – 15.00 Uhr

Montag und Dienstag geschlossen.
Führung nach Anmeldung.

Gesellschaft der Freunde
des Dessau-Wörlitzer Gartenreiches e.V.

Werden Sie heute Mitglied
und zeigen Sie Ihr Verantwortungs-
bewußtsein für den Erhalt
des kulturellen Erbes
und der Natur in der Zukunft.

Gesellschaft der Freunde des
Dessau-Wörlitzer Gartenreiches e.V.
Schloß Großkühnau
06846 Dessau

Tel. (0340) 64615-11 · Fax (0340) 64615-10

RUND UM DEN BAUM

- • Ältester Spezialbetrieb Berlins (seit 1973)

- • Aktive Beteiligung an:
  · ZTV-Baumpflege, Fachbücher,
  Fachvorträge u.a.

- • Mitglied in
  · Fachverband Garten-, Landschaft-
  und Sportplatzbau
  · Qualitätsgemeinschaft Baumpflege
  und Baumsanierung
  · EUROTREE Großbaumverpflanzungen
  · Zeobon naturnahe Dach- und Innenbegrünung

„Pfaueninsel! Wie ein Märchen steigt ein Bild aus meinen Kindertagen vor mir auf: ein Schloß, Palmen und Känguruhs; Papageien kreischen; Pfauen sitzen auf hoher Schlange und schlagen ein Rad, Volieren, Springbrunnen, überschattete Wiesen; Schlängelpfade, die überall hin führen und nirgends; ein rätselvolles Eiland, eine Oase, ein Blumenteppich inmitten der Mark."

Theodor Fontane 1880

Folgende Seiten: Großer Tiergarten

CALLWEY

Die Bücher.

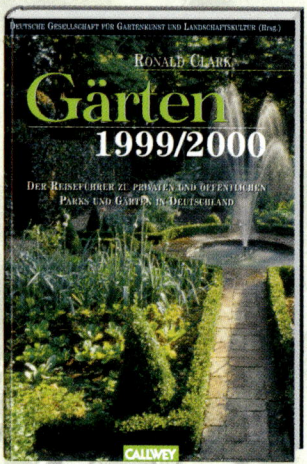

Ronald Clark
Gärten 1999/2000
496 Seiten, 497 Abbil-
dungen. Broschiert.
DM 29,95, öS 219,–,
SFr 29,95

„*A* *llen, die das Gras in anderen Gärten immer*
für grüner gehalten haben als das eigene,
kann der handliche Gartenreiseführer Gewissheit
verschaffen – und vielleicht neue Bekannte dazu. "
DIE WOCHE 17.7.98

CALLWEY VERLAG MÜNCHEN
FAX (089) 436005-113

INSTITUT FÜR BAUMPFLEGE
Dr. Dirk Dujesiefken

WIR SIND FÜR DIE BÄUME DA!

- **Seminare zur beruflichen Weiterbildung**

- **Gutachten und Beratung wo immer Sie uns brauchen**

  ○ Untersuchung von Problembäumen an Straßen sowie in Parks und Gärten

  ○ Sanierungsempfehlungen für Bäume mit Schäden und Krankheiten

  ○ Zustandserfassung von Baumbeständen in Parkanlagen sowie Erarbeitung von Empfehlungen zur weiteren Parkpflege

  ○ Durchführung regelmäßiger Baumkontrollen

  ○ Baumschutz auf Baustellen sowie baubegleitende Fachaufsicht

  ○ Beurteilung baumpflegerischer Maßnahmen

  ○ Schadensfeststellung und Beweissicherung

  ○ Gehölzwertermittlung

Institut für Baumpflege
Dr. Dirk Dujesiefken
Brookkehre 60
21029 Hamburg

eMail: info@institut-fuer-baumpflege.de, internet: http://www.institut-fuer-baumpflege.de
Tel. 040 / 724 131 - 0   **Fax 040 / 721 21 13**

Neue Reiseführer
für die Gartensaison

Hamburg Grün.
Die Gärten & Parks
der Stadt
ISBN 3-928119-39-7
DM 39,80

Gärten & Parks
in Sachsen
ISBN 3-928119-26-5
DM 24,80

Berlin Grün.
Historische Gärten &
Parks der Stadt
ISBN 3-928119-51-6
DM 29,80

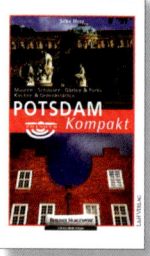

Potsdam kompakt
Museen, Schlösser,
Gärten & Parks, Kirchen &
Gedenkstätten
ISBN 3-928119-49-4
DM 29,80

Das Gartenreich
Dessau-Wörlitz
ISBN 3-928119-42-7
DM 19,80

Weimarer Museumsführer
Museen, Schlösser,
Gärten & Parks
ISBN 3-928119-48-6
DM 29,80

Museums-Journal:

Die umfassende und aktuelle Information zum Angebot der Museen und Schlösser in Berlin und Potsdam

Nr. IV, 11. Jahrgang, Oktober 1997   ISSN 0933-0291 DM 10,-

MUSEUMS JOURNAL

Berichte aus den Museen, Schlössern und Sammlungen in Berlin und Potsdam. Zugleich »Berliner Museen, 6. Folge«

MUSEUMSPÄDAGOGISCHER DIENST Berlin

Karl Schmidt-Rottluff im Brücke-Museum

Exil 1933–1945 • Innere Emigration • Rilke und
die Kunst • Gerhard Richter • Erwin Blumenfeld
Jeanne Mammen • Skandinavien und Deutschland
Der Grottensaal im Neuen Palais • Sigmar Polke

Museums-Journal:

Streifzüge durch eine Kulturlandschaft. Beiträge zu Sammlungen, Forschung und Neuerwerbungen, Sonder-ausstellungen und Veranstaltungen, Museumsalltag und Museumspolitik. Museumsleute vis-à-vis. Ausführlicher Kalender mit Führungs-angeboten und Fahrverbindungen. Alle drei Monate neu: Januar, April, Juli, Oktober. Einzelheft DM 10,-

Museums-Journal:

Berichte aus den Museen, Schlössern und Sammlungen in Berlin und Potsdam. Zugleich »Berliner Museen 6. Folge«

Herausgegeben vom
Museumspädagogischen
Dienst Berlin
Chausseestraße 123
D-10115 Berlin-Mitte
Tel: 030/283 97 3
Fax: 030/282 61 83

Jahresabonnement: 4 Hefte
DM 40,- (incl. Versandkosten)
Bestellungen an den
Museumspädagogischen
Dienst Berlin

Schnellbahnnetz   Tarifbereich

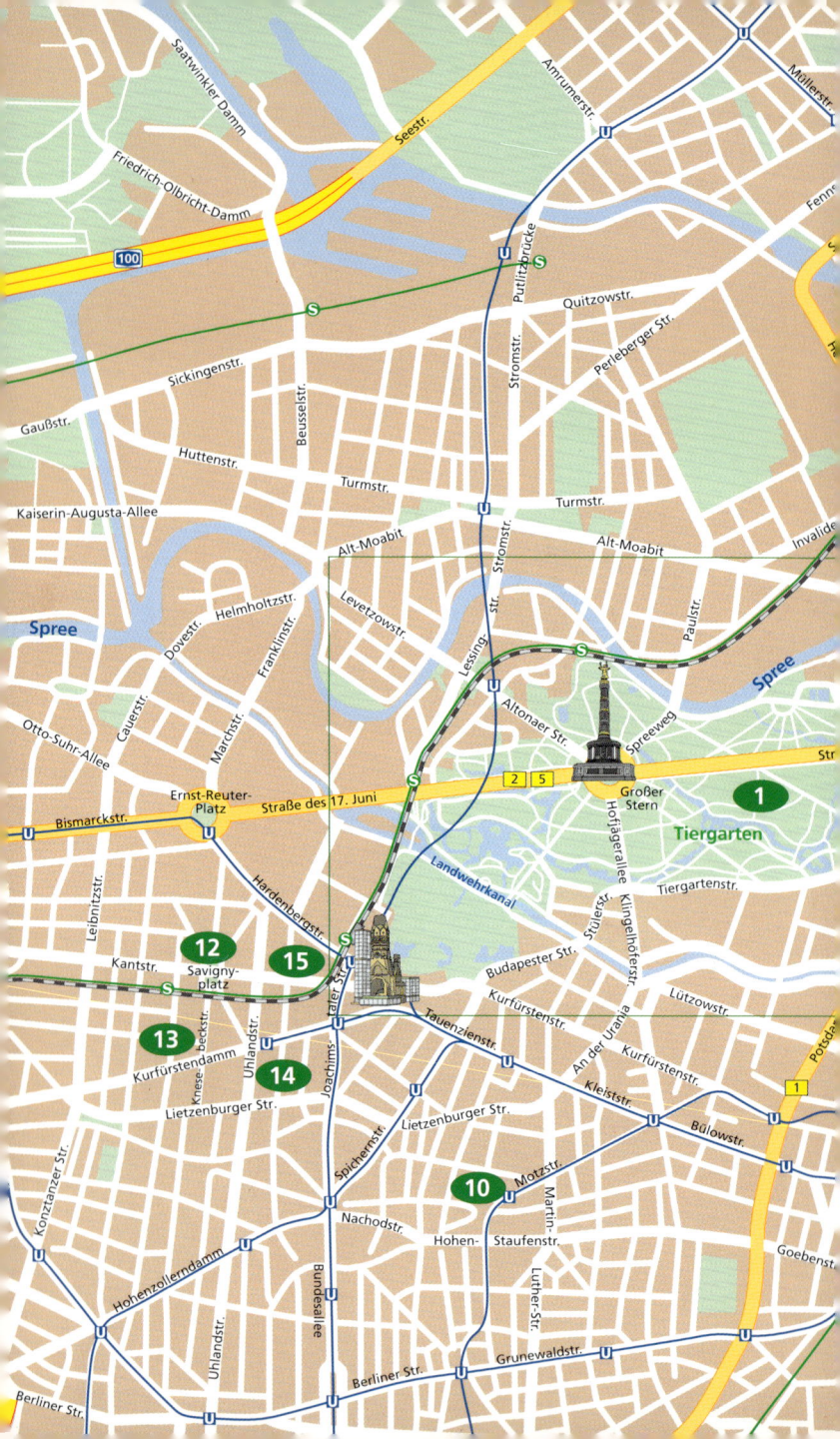